Mein Mann Jeeves

PG Wodehouse

Writat

Diese Ausgabe erschien im Jahr 2024

ISBN: **9789359942964**

Herausgegeben von
Writat
E-Mail: info@writat.com

Inhalt

Überlassen Sie es Jeeves

Jeeves – mein Mann, wissen Sie – ist wirklich ein ganz außergewöhnlicher Kerl. So fähig. Ehrlich gesagt, ich wüsste nicht, was ich ohne ihn tun sollte. Im Großen und Ganzen ist er wie diese Kerle , die traurig über die Marmorzinnen der Pennsylvania Station in dem mit „Anfragen" gekennzeichneten Bereich blicken. Sie wissen, die Johnnys, die ich meine. Sie gehen zu ihnen und fragen: „Wann fährt der nächste Zug nach Melonsquashville , Tennessee?" und sie antworten, ohne nachzudenken: „Zwei Uhr dreiundvierzig, Gleis zehn, Umsteigen in San Francisco." Und sie haben jedes Mal recht. Nun, Jeeves vermittelt Ihnen genau den gleichen Eindruck von Allwissenheit.

Als Beispiel dafür, was ich meine, erinnere ich mich an ein Treffen mit Monty Byng in der Bond Street, der in einem graukarierten Anzug absolut perfekt aussah und bei dem ich das Gefühl hatte, ich würde nie glücklich sein, bis ich einen wie diesen hätte. Ich habe ihm die Adresse der Schneider entlockt und sie innerhalb einer Stunde damit beauftragt, an dem Ding zu arbeiten.

„Jeeves", sagte ich an diesem Abend. „Ich hole mir einen karierten Anzug wie den von Mr. Byng."

„Unüberlegt, Sir", sagte er fest. „Das steht Ihnen nicht."

„So ein Schwachsinn! Das ist das Vernünftigste, was ich seit Jahren angeschlagen habe."

„Ungeeignet für Sie, Sir."

Nun, kurz gesagt, das verdammte Ding kam nach Hause, und ich zog es an, und als ich mich im Spiegel erblickte, wäre ich fast ohnmächtig geworden. Jeeves hatte vollkommen recht. Ich sah aus wie eine Mischung aus einem Varieté-Komiker und einem billigen Buchmacher. Doch Monty hatte in genau demselben Zeug gut ausgesehen. Diese Dinge sind einfach die Geheimnisse des Lebens, und das ist alles, was es dazu zu sagen gibt.

Aber es ist nicht nur so, dass Jeeves' Urteilsvermögen in Sachen Kleidung unfehlbar ist, obwohl das natürlich die Hauptsache ist. Der Mann weiß alles. Da war die Sache mit dem Tipp zum „Lincolnshire". Ich habe vergessen, wie ich ihn bekommen habe, aber er sah aus, als wäre er der echte, glühend heiße Tabasco.

„Jeeves", sagte ich, denn ich mag den Mann und tue ihm gern einen Gefallen, wenn ich kann, „wenn Sie ein bisschen Geld verdienen möchten, setzen Sie etwas auf Wonderchild für die ‚Lincolnshire'."

Er schüttelte den Kopf.

„Das möchte ich lieber nicht, Sir.“

„Aber es ist die ehrliche Ware. Ich werde ihm mein Hemd anziehen.“

„Das empfehle ich nicht, Sir. Das Tier ist nicht dazu da, zu gewinnen. Der Stall will nur den zweiten Platz.“

Völlig Quatsch, dachte ich natürlich. Woher zum Teufel konnte Jeeves davon etwas wissen? Aber Sie wissen ja, was passiert ist. Wonderchild führte, bis er am Drahtseil atmete, und dann kam Banana Fritter und schnappte ihn sich. Ich ging direkt nach Hause und klingelte nach Jeeves.

„Danach“, sagte ich, „mache ich keinen Schritt mehr ohne Ihren Rat. Betrachten Sie sich ab jetzt als das Gehirn des Establishments.“

„Sehr gut, Sir. Ich werde mich bemühen , Sie zufriedenzustellen.“

Und das hat er, bei Gott! Mir fehlt es selbst ein wenig an Verstand; die alte Bohne scheint eher zur Zierde als zum Gebrauch gebaut worden zu sein, wissen Sie; aber geben Sie mir fünf Minuten, um die Sache mit Jeeves zu besprechen, und ich bin bereit, jedem zu allem einen Rat zu geben. Und deshalb war meine erste Tat, als Bruce Corcoran mit seinen Problemen zu mir kam, die Klingel zu läuten und sie dem Jungen mit der gewölbten Stirn zuzuwerfen.

„Überlassen Sie das Jeeves“, sagte ich.

Ich lernte Corky kennen, als ich nach New York kam. Er war ein Kumpel meiner Cousine Gussie, die mit vielen Leuten am Washington Square verkehrte. Ich weiß nicht, ob ich Ihnen jemals davon erzählt habe, aber der Grund, warum ich England verließ, war, dass meine Tante Agatha mich dorthin geschickt hatte, um zu verhindern, dass die junge Gussie ein Mädchen auf der Varietébühne heiratet. Ich brachte die ganze Sache so durcheinander, dass ich beschloss, es wäre eine gute Idee, für eine Weile in Amerika zu bleiben, anstatt zurückzugehen und lange, gemütliche Gespräche mit meiner Tante über die Sache zu führen. Also schickte ich Jeeves los, um eine anständige Wohnung zu finden, und ließ mich für eine Weile im Exil nieder. Ich muss sagen, dass New York ein toller Ort für ein Exil ist. Alle waren furchtbar nett zu mir, und es schien eine Menge los zu sein, und ich bin ein reicher Vogel, also war alles in Ordnung. Die Kerle stellten mir andere Kerle vor und so weiter und so fort, und es dauerte nicht lange, bis ich die richtigen Trupps kannte. Einige schwammen in ihren Häusern oben am Park im Geld, und andere lebten meist in der Gegend um den Washington Square, wo das Gas abgestellt war - Künstler und Schriftsteller und so weiter. Schlaue Typen.

Corky war einer der Künstler. Er nannte sich Porträtmaler, aber er hatte noch keine Porträts gemalt. Er saß mit einer Decke über den Schultern an der Seitenlinie und wartete auf eine Chance, ins Spiel einzusteigen. Sehen Sie, der Haken beim Porträtmalen - ich habe mich ein bisschen damit befasst - ist, dass Sie erst anfangen können, Porträts zu malen, wenn Leute kommen und Sie darum bitten, und sie werden nicht kommen und Sie darum bitten, bis Sie zuerst eine Menge gemalt haben. Das macht es für einen Kerl ziemlich schwierig . Corky kam über die Runden, indem er gelegentlich ein Bild für die Comic-Zeitungen zeichnete - er hatte ein ziemliches Talent für witzige Sachen, wenn er eine gute Idee hatte - und Bettgestelle und Stühle und Sachen für die Werbung malte. Seine Haupteinnahmequelle bestand jedoch darin, einem reichen Onkel - einem gewissen Alexander Worple - ins Ohr zu beißen , der im Jutegeschäft tätig war. Ich bin mir nicht ganz im Klaren darüber, was Jute ist, aber es scheint, als sei es etwas, worauf die Bevölkerung ziemlich scharf ist, denn Mr. Worple hat einen ziemlich unanständig großen Stapel daraus gemacht.

Viele Leute denken, dass es ein Kinderspiel ist, einen reichen Onkel zu haben, aber laut Corky ist das nicht der Fall. Corkys Onkel war ein robuster Bursche, der aussah, als würde er ewig leben . Er war einundfünfzig, und es sah so aus, als könnte er auf Augenhöhe leben. Das war es jedoch nicht, was den armen alten Corky bekümmerte, denn er war kein Bigotter und hatte nichts dagegen, dass der Mann weiterlebte. Was Corky aufregte, war die Art und Weise, wie der oben genannte Worple ihn zu schikanieren pflegte.

Corkys Onkel wollte nämlich nicht, dass er Künstler wurde. Er glaubte nicht, dass er in dieser Hinsicht Talent hatte. Er drängte ihn immer, die Kunst aufzugeben und ins Jutegeschäft einzusteigen, ganz unten anzufangen und sich hochzuarbeiten. Jute war für ihn offenbar zu einer Art Obsession geworden. Er schien ihm eine fast spirituelle Bedeutung beizumessen. Und was Corky sagte, war, dass er zwar nicht wusste, was sie ganz unten im Jutegeschäft machten, aber sein Instinkt sagte ihm, dass es etwas zu Bestialisches war, um es in Worte zu fassen. Außerdem glaubte Corky an seine Zukunft als Künstler. Eines Tages , sagte er, würde er Erfolg haben. In der Zwischenzeit brachte er seinen Onkel mit äußerstem Taktgefühl und Überzeugungskraft dazu, sehr widerwillig ein kleines vierteljährliches Taschengeld zu berappen.

Er hätte das nicht bekommen, wenn sein Onkel kein Hobby gehabt hätte. Mr. Worple war in dieser Hinsicht eigenartig. Soweit ich es beobachtet habe, tut der amerikanische Industriekapitän in der Regel nichts außerhalb der Geschäftszeiten. Wenn er die Katze rausgelassen und das Büro für die Nacht abgeschlossen hat, verfällt er einfach in einen Komazustand, aus dem er wieder erwacht, um wieder als Industriekapitän zu arbeiten. Aber Mr. Worple war in seiner Freizeit das, was man Ornithologe nennt. Er hatte ein Buch mit dem Titel „*Amerikanische Vögel*" *geschrieben* und schrieb ein weiteres mit dem Titel „ *Mehr amerikanische Vögel*" . Als er damit fertig war, ging man davon aus, dass er ein drittes beginnen und so weitermachen würde, bis der Vorrat an amerikanischen Vögeln aufgebraucht war. Corky ging ungefähr alle drei Monate zu ihm und ließ ihn über amerikanische Vögel reden. Anscheinend konnte man mit dem alten Worple machen, was man wollte , wenn man ihm sein Lieblingsthema vorschlug, und so reichten diese kleinen Plaudereien für Corkys Taschengeld für die Zeit ganz gut. Aber für den armen Kerl war es ziemlich mies. Wissen Sie, da herrschte eine furchtbare Spannung, und außerdem langweilten ihn Vögel zu Tode, außer wenn sie gebraten waren und er eine kalte Flasche davon trank.

Um die Charakterstudie von Mr. Worple zu vervollständigen : Er war ein Mann mit einem äußerst wechselhaften Temperament und neigte allgemein dazu, zu denken, dass Corky ein armer Trottel war und dass jeder Schritt, den er auf eigene Faust in irgendeine Richtung unternahm, nur ein weiterer Beweis seiner angeborenen Idiotie war. Ich könnte mir vorstellen, dass Jeeves für mich ganz ähnlich denkt.

Als Corky also eines Nachmittags in meine Wohnung schlich, ein Mädchen vor sich herscheuchte und sagte: „Bertie, ich möchte dir meine Verlobte, Miss Singer, vorstellen“, fiel mir als erstes genau der Aspekt der Angelegenheit auf, wegen dem er mich konsultieren wollte. Die allerersten Worte, die ich sprach, waren: „Corky, was ist mit deinem Onkel?“

Der arme Kerl stieß ein freudloses Lachen aus. Er sah besorgt und beunruhigt aus, wie jemand, der den Mord zwar begangen hat, aber nicht weiß, was er zum Teufel mit der Leiche machen soll.

„Wir haben solche Angst, Mr. Wooster“, sagte das Mädchen. „Wir hatten gehofft, Sie könnten ihm einen Weg vorschlagen, es ihm beizubringen.“

Muriel Singer war eines dieser sehr ruhigen, sympathischen Mädchen, die einen mit ihren großen Augen anstarren, als hielten sie einen für das Größte auf der Welt und wunderten sich, dass man selbst noch nicht darauf gekommen war. Sie saß da, irgendwie zurückhaltend, und sah mich an, als würde sie zu sich selbst sagen: „Oh, ich hoffe wirklich, dieser große, starke Mann wird mir nicht wehtun.“ Sie gab einem Kerl ein beschützendes Gefühl, brachte ihn dazu, ihre Hand streicheln und sagen zu wollen: „Na, na, Kleines!“ oder Worte in dieser Art. Sie gab mir das Gefühl, dass es nichts gab, was ich nicht für sie tun würde. Sie war ein bisschen wie eines dieser unschuldig schmeckenden amerikanischen Getränke, die sich unmerklich in deinen Körper schleichen, sodass du, bevor du weißt, was du tust, anfängst, die Welt notfalls mit Gewalt zu reformieren, und auf deinem Weg innehältst, um dem großen Mann in der Ecke zu sagen, dass du ihm den Kopf abschlagen wirst, wenn er dich so ansieht. Was ich meine ist, dass sie mir das Gefühl gab, munter und schneidig zu sein, wie ein lustiger alter fahrender

Ritter oder etwas in der Art. Ich hatte das Gefühl, dass ich in dieser Sache bis zum Äußersten mit ihr mithalten konnte.

„Ich sehe keinen Grund, warum Ihr Onkel nicht furchtbar verärgert sein sollte", sagte ich zu Corky. „Er wird Miss Singer für die ideale Ehefrau für Sie halten."

Corky weigerte sich, aufzumuntern.

„Du kennst ihn nicht. Selbst wenn er Muriel mögen würde, würde er es nicht zugeben. So ein Dickkopf ist er nun einmal. Es wäre für ihn eine Frage des Prinzips, jemanden zu treten. Er würde nur bedenken, dass ich einen wichtigen Schritt getan habe, ohne ihn um Rat zu fragen, und er würde Cain automatisch aufziehen. Das hat er schon immer getan."

Ich habe die alte Bohne abgeseiht, um diesem Notfall zu begegnen.

„Sie wollen es so einrichten, dass er Miss Singers Bekanntschaft macht, ohne zu wissen, dass Sie sie kennen. Dann kommen Sie mit —"

„Aber wie kann ich das so machen?"

Ich verstand, was er meinte. Das war der Haken.

„Es gibt nur eine Sache, die wir tun können", sagte ich.

"Was ist das?"

„Überlassen Sie es Jeeves."

Und ich habe geklingelt.

„Sir?", sagte Jeeves und manifestierte sich gewissermaßen. Eine der seltsamen Eigenschaften von Jeeves ist, dass man ihn, wenn man nicht wie ein Falke aufpasst, nur sehr selten in einen Raum kommen sieht. Er ist wie einer dieser seltsamen Kerle in Indien, die sich in Luft auflösen und auf eine Art körperlose Weise durch den Raum schwirren und die Teile genau dort wieder zusammensetzen, wo sie sie haben wollen. Ich habe einen Cousin, der das ist, was man einen Theosophen nennt, und er sagt, er hätte es oft fast selbst geschafft, aber es hat nicht ganz geklappt, wahrscheinlich weil er sich in seiner Kindheit vom Fleisch im Zorn getöteter Tiere und von Kuchen ernährt hat.

Als ich den Mann dort stehen und mir respektvolle Aufmerksamkeit schenken sah, fiel mir eine schwere Last von den Schultern. Ich fühlte mich wie ein verlorenes Kind, das seinen Vater kommen sieht. Er hatte etwas an sich, das mir Zuversicht gab.

Jeeves ist ein ziemlich großer Mann mit einem dieser dunklen, klugen Gesichter. In seinen Augen strahlt das Licht reiner Intelligenz.

„Jeeves, wir möchten deinen Rat.“

"Sehr gut, Herr."

Corkys schmerzlichen Fall in wenigen, wohlgewählten Worten zusammengefasst .

„Sie wissen also, worauf es hinausläuft, Jeeves. Wir möchten, dass Sie einen Weg vorschlagen, wie Mr. Worple Miss Singers Bekanntschaft machen kann, ohne zu bemerken, dass Mr. Corcoran sie bereits kennt. Verstanden?“

„Vollkommen, Sir.“

„Na, dann versuch, dir etwas auszudenken.“

„Mir ist schon etwas eingefallen, Sir.“

"Du hast!"

„Der Plan, den ich vorschlagen möchte, wird garantiert erfolgreich sein, aber er hat den Nachteil, dass er einen gewissen finanziellen Aufwand erfordert, Sir.“

„Er meint“, übersetzte ich Corky, „dass er eine tolle Idee hat, die aber einiges kosten wird.“

Natürlich verzog der arme Kerl das Gesicht, denn das schien die ganze Sache zu verwässern. Aber ich stand noch immer unter dem Einfluss des schmelzenden Blicks des Mädchens und mir wurde klar, dass dies meine Ausgangsposition als fahrender Ritter war.

„Bei all diesen Dingen kannst du auf mich zählen, Corky“, sagte ich. „Das freut mich sehr. Mach weiter, Jeeves.“

Worples Vorliebe für die Ornithologie ausnutzt .“

„Woher um Himmels Willen wussten Sie, dass er Vögel mag?“

„Das liegt an der Bauweise dieser New Yorker Wohnungen, Sir. Ganz anders als unsere Londoner Häuser. Die Trennwände zwischen den Zimmern sind von äußerst dürftiger Beschaffenheit. Ohne mithören zu wollen, habe ich manchmal gehört, wie Mr. Corcoran sich mit großer Kraft zu dem von mir angesprochenen Thema äußerte.“

"Nun ja?"

„Warum sollte die junge Dame nicht ein kleines Bändchen schreiben, das – sagen wir – den Titel , *Das Kinderbuch der amerikanischen Vögel* tragen und es Mr. Worple widmen sollte ? Eine limitierte Ausgabe könnte auf Ihre Kosten veröffentlicht werden, Sir, und ein großer Teil des Buches würde natürlich Lobeshymnen auf Mr. Worples eigene umfangreichere Abhandlung zum gleichen Thema gewidmet sein. Ich würde empfehlen, Mr. Worple sofort nach der Veröffentlichung ein Präsentationsexemplar zuzusenden , zusammen mit einem Brief, in dem die junge Dame darum bittet, jemanden kennenlernen zu dürfen, dem sie so viel zu verdanken hat. Ich denke, dies würde das gewünschte Ergebnis bringen, aber wie gesagt, die damit verbundenen Kosten wären beträchtlich."

Ich kam mir vor wie der Besitzer eines Hundes, der auf der Varietébühne auftritt, nachdem der Kleine gerade seinen Trick ohne Probleme durchgezogen hat. Ich hatte die ganze Zeit auf Jeeves gesetzt und wusste, dass er mich nicht enttäuschen würde. Manchmal kann ich nicht verstehen, warum ein Mann mit seinem Genie damit zufrieden ist, herumzuhängen und meine Kleidung und so weiter zu bügeln. Wenn ich nur halb so viel Verstand hätte wie Jeeves, würde ich versuchen, Premierminister zu werden oder so etwas.

„Jeeves", sagte ich, „das ist absolut krass! Eine deiner allerbesten Leistungen."

"Danke mein Herr."

Das Mädchen erhob Einspruch.

„Aber ich bin sicher, dass ich über nichts ein Buch schreiben könnte. Ich kann nicht einmal gute Briefe schreiben."

„Muriels Talent", sagte Corky mit einem kleinen Hüsteln, „liegt eher in Richtung Drama, Bertie. Ich habe es vorher nicht erwähnt, aber einer unserer Gründe, ein wenig nervös zu sein, wie Onkel Alexander die Neuigkeit aufnehmen wird, ist, dass Muriel im Chor der Show *Choose your Exit* im Manhattan ist. Es ist absurd unvernünftig, aber wir haben beide das Gefühl, dass diese Tatsache Onkel Alexanders natürliche Neigung, wie ein Ochse zu treten, verstärken könnte."

Ich verstand, was er meinte. Weiß Gott, es gab in unserer Familie genug Aufhebens, als ich vor ein paar Jahren versuchte, in eine Musicalkomödie einzuheiraten. Und die Erinnerung an die Haltung meiner Tante Agatha in der Sache mit Gussie und dem Vaudeville-Mädchen war mir noch frisch im Gedächtnis. Ich weiß nicht, warum das so ist – einer dieser Psychologen könnte es wohl erklären –, aber Onkel und Tanten sind als Klasse immer absolut gegen das Drama, ob berechtigt oder nicht. Sie scheinen es um keinen Preis durchhalten zu können.

Aber Jeeves hatte natürlich eine Lösung.

„Ich denke, es wäre eine einfache Sache, Sir, einen mittellosen Autor zu finden, der sich für ein kleines Honorar gerne um die eigentliche

Komposition des Buches kümmert. Es ist nur notwendig, dass der Name der jungen Dame auf der Titelseite erscheint."

„Das stimmt", sagte Corky. „Sam Patterson würde es für hundert Dollar tun. Er schreibt jeden Monat unter verschiedenen Namen eine Novelle, drei Kurzgeschichten und zehntausend Wörter Fortsetzungsgeschichte für eines der reinen Belletristikmagazine. So eine Kleinigkeit wäre für ihn nichts. Ich werde ihn sofort zur Rede stellen."

"Bußgeld!"

„Ist das alles, Sir?", sagte Jeeves. „Sehr gut, Sir. Danke, Sir."

Ich dachte immer, Verleger müssten teuflisch intelligente Kerle sein, die mit grauer Substanz vollgestopft sind, aber jetzt habe ich sie durchschaut. Ein Verleger muss nur in regelmäßigen Abständen Schecks ausstellen , während sich eine Menge verdienter und fleißiger Kerle zusammentun und die eigentliche Arbeit erledigen. Ich weiß das, weil ich selbst einer war. Ich saß einfach mit einem Füllfederhalter in der alten Wohnung und zur rechten Zeit kam ein tolles, glänzendes Buch daher.

Ich war zufällig bei Corky , als die ersten Exemplare von *The Children's Book of American Birds* eintrafen. Muriel Singer war da und wir unterhielten uns über alles Mögliche, als es an der Tür klopfte und das Paket geliefert wurde.

Es war wirklich ein tolles Buch. Es hatte einen roten Einband, darauf war ein Vogel irgendeiner Art abgebildet und darunter stand in goldenen Buchstaben der Name des Mädchens. Ich öffnete aufs Geratewohl ein Exemplar.

„Oft an einem Frühlingsmorgen", hieß es oben auf Seite einundzwanzig, „wenn Sie durch die Felder wandern, werden Sie das süßliche, unbekümmert dahinfließende Zwitschern des Purpurfinken hören. Wenn Sie älter sind, müssen Sie alles über ihn in Mr. Alexander Worples wunderbarem Buch „ *Amerikanische Vögel* "lesen ."

Sehen Sie. Das war sofort ein Ansporn für den Onkel. Und nur ein paar Seiten später stand er im Zusammenhang mit dem Gelbschnabelkuckuck wieder im Rampenlicht. Das war ein toller Stoff. Je mehr ich las, desto mehr bewunderte ich den Kerl, der es geschrieben hatte, und Jeeves' Genie, uns auf die Idee zu bringen. Ich konnte mir nicht vorstellen, wie der Onkel nicht durchdrehen konnte. Man kann einen Kerl nicht als die größte Autorität der Welt in Sachen Gelbschnabelkuckuck bezeichnen, ohne eine gewisse Neigung zur Kumpanei in ihm zu wecken.

„Es ist ein Zertifikat!", sagte ich.

„Ein absolutes Kinderspiel!", sagte Corky.

Und ein oder zwei Tage später schlenderte er die Avenue hinauf zu meiner Wohnung, um mir zu sagen, dass alles in Ordnung sei. Der Onkel hatte Muriel einen Brief geschrieben, der so von menschlicher Güte triefte, dass Corky, wenn er Mr. Worples Handschrift nicht gekannt hätte, ihm nicht geglaubt hätte, dass er der Autor war. Wann immer es ihm passte, Miss Singer zu besuchen, sagte der Onkel, würde er sich freuen, sie kennenzulernen.

Kurz darauf musste ich die Stadt verlassen. Verschiedene gute Sportler hatten mich eingeladen, ihre Landsitze zu besuchen, und erst mehrere Monate später ließ ich mich wieder in der Stadt nieder. Ich hatte mir natürlich viele Gedanken über Corky gemacht, ob alles gut ausgegangen war und so weiter, und als ich an meinem ersten Abend in New York zufällig in ein ruhiges kleines Restaurant kam, in das ich gehe, wenn ich keine Lust auf helles Licht habe, traf ich dort Muriel Singer, die allein an einem Tisch neben der Tür saß. Corky, so nahm ich an, war gerade am Telefon. Ich ging hinauf und vertrieb mir die Zeit.

„So, so, so, was?", sagte ich.

„Aber, Mr. Wooster! Wie geht es Ihnen?"

„Corky in der Nähe?"

"Wie bitte?"

„Du wartest auf Corky, oder?"

„Oh, das habe ich nicht verstanden. Nein, ich warte nicht auf ihn."

Mir kam es so vor, als ob da so etwas in ihrer Stimme wäre, so ein Dingsbums, wissen Sie.

„Sag mal, du hattest doch nicht etwa Streit mit Corky, oder?"

"Eine Reihe?"

„Ein Streit, wissen Sie – ein kleines Missverständnis – Fehler auf beiden Seiten – äh – und all diese Dinge."

„Warum? Was bringt Sie denn darauf?"

„Na ja, sozusagen, was? Ich meine – ich dachte, Sie essen normalerweise mit ihm zu Abend, bevor Sie ins Theater gehen."

„Ich habe jetzt die Bühne verlassen."

Plötzlich dämmerte mir die ganze Sache. Ich hatte vergessen, wie lange ich weg gewesen war.

„Aber natürlich, jetzt verstehe ich es! Du bist verheiratet!"

"Ja."

„Das ist ein absoluter Höhepunkt! Ich wünsche Ihnen alles Gute."

„Vielen Dank. Oh Alexander", sagte sie und blickte an mir vorbei, „das ist ein Freund von mir – Mr. Wooster."

Ich wirbelte herum. Da stand ein Kerl mit viel steifem grauem Haar und einem roten, irgendwie gesunden Gesicht. Er sah aus wie ein ziemlich furchterregender Johnny, obwohl er im Moment ganz friedlich war.

„Ich möchte Ihnen meinen Mann vorstellen, Mr. Wooster. Mr. Wooster ist ein Freund von Bruce, Alexander."

Der alte Junge drückte mir herzlich die Hand, und das war das Einzige, was mich davon abhielt, wie ein Häufchen Elend auf dem Boden zu landen. Die Bude war der Hammer. Absolut.

„Sie kennen also meinen Neffen, Mr. Wooster", hörte ich ihn sagen. „Ich wünschte, Sie würden versuchen, ihm ein wenig Vernunft einzubläuen und ihn dazu zu bringen, mit diesem Malspiel aufzuhören. Aber ich habe das Gefühl, dass er sich beruhigt. Ich bemerkte es zuerst an dem Abend, als er mit uns zum Abendessen kam, um Ihnen vorgestellt zu werden, meine Liebe. Er wirkte insgesamt ruhiger und ernster. Irgendetwas schien ihn ernüchtert zu haben. Vielleicht erweisen Sie uns heute Abend das Vergnügen Ihrer Gesellschaft beim Abendessen, Mr. Wooster? Oder haben Sie schon zu Abend gegessen?"

Ich sagte, das hätte ich. Was ich damals brauchte, war Luft, kein Abendessen. Ich spürte, dass ich ans Tageslicht kommen und über die Sache nachdenken wollte.

Als ich meine Wohnung erreichte, hörte ich Jeeves in seinem Versteck herumlaufen. Ich rief ihn.

Erstmal ein bisschen steifes Zeug und dann habe ich ein paar Neuigkeiten für dich."

Er kam mit einem Tablett und einem großen Glas zurück.

„Besser, du solltest selbst eins haben, Jeeves. Du wirst es brauchen."

„Später vielleicht, danke, Sir."

„Na gut. Wie du willst. Aber du wirst einen Schock bekommen. Erinnerst du dich an meinen Freund, Mr. Corcoran?"

"Jawohl."

„Und das Mädchen, das durch das Schreiben des Vogelbuchs die Wertschätzung seines Onkels gewinnen sollte?"

„Vollkommen, Sir."

„Nun, sie ist abgehauen. Sie hat den Onkel geheiratet."

Er nahm es hin, ohne mit der Wimper zu zucken. Jeeves lässt sich nicht aus der Ruhe bringen.

„Das war immer eine befürchtete Entwicklung, Sir."

„Du willst mir doch nicht etwa sagen, dass du damit gerechnet hast?"

„Mir ist das als Möglichkeit in den Sinn gekommen."

„Hast du, bei Gott! Na ja, ich denke, du hättest uns warnen können!"

„Ich wollte mir diese Freiheit kaum herausnehmen, Sir."

Natürlich war das, was passiert war, nicht meine Schuld, wenn man es genau nimmt, wie ich sah, nachdem ich etwas gegessen hatte und mich beruhigt hatte. Ich konnte nicht vorhersehen, dass der Plan, an sich schon ein Volltreffer, so in den Graben rutschen würde, wie es geschehen war; aber trotzdem muss ich zugeben, dass ich die Vorstellung, Corky wieder zu treffen, nicht mochte, bis die Zeit, die große Heilerin, ein wenig beruhigende Arbeit geleistet hatte. Ich ließ Washington Square für die nächsten paar Monate komplett aus. Ich gab ihm den absoluten Laufpass. Und dann, gerade als ich anfing zu glauben, ich könnte gefahrlos dorthin gehen und sozusagen die verlorenen Faden aufsammeln, zog die Zeit, anstatt den heilenden Atemzug zu machen, den schrecklichsten Knochen heraus und legte den Deckel darauf. Als ich eines Morgens die Zeitung aufschlug, las ich, dass Mrs. Alexander Worple ihrem Mann einen Sohn und Erben geschenkt hatte.

Der arme alte Corky tat mir so verdammt leid, dass ich es nicht übers Herz brachte, mein Frühstück anzurühren. Ich sagte Jeeves, er solle es selbst trinken. Ich war völlig überwältigt. Absolut. Das war das Äußerste.

Ich wusste kaum, was ich tun sollte. Am liebsten wäre ich zum Washington Square hinuntergerannt und hätte dem armen Kerl schweigend die Hand gegeben, aber dann, als ich darüber nachdachte, hatte ich nicht den Mut dazu. Eine gefühllose Behandlung schien das Richtige zu sein. Ich gab ihm die Hand in Wellen.

Aber nach etwa einem Monat begann ich wieder zu zögern. Mir kam es vor, als wäre es ein bisschen gemein zu dem armen Kerl, ihn so zu meiden, gerade als er sich am meisten wünschte, dass seine Kumpels um ihn scharen. Ich stellte mir vor, wie er in seinem einsamen Studio saß, ohne Gesellschaft außer seinen bitteren Gedanken, und das Pathos davon berührte mich so sehr, dass ich sofort in ein Taxi sprang und dem Fahrer sagte, er solle alles für das Studio tun.

Ich eilte hinein, und da stand Corky, der zusammengekauert an der Staffelei saß und malte, während auf dem Modellthron eine streng aussehende Frau mittleren Alters saß, die ein Baby hielt.

Auf so etwas muss man vorbereitet sein.

„Oh, ah!", sagte ich und wollte rückwärts gehen.

Corky blickte über seine Schulter.

„ Hallo , Bertie. Geh nicht. Wir machen gerade Schluss für heute. Das war's dann für heute Nachmittag", sagte er zur Krankenschwester, die mit dem Baby aufstand und es in einen Kinderwagen setzte, der auf der Fahrrinne stand.

„Morgen zur gleichen Zeit, Mr. Corcoran?"

"Ja, bitte."

"Guten Tag."

"Guten Tag."

Corky stand da und sah zur Tür, dann drehte er sich zu mir um und begann, mir die Sache von der Seele zu reden. Glücklicherweise schien er davon auszugehen, dass ich alles wusste, was passiert war, also war es nicht so peinlich, wie es hätte sein können.

„Es ist die Idee meines Onkels", sagte er. „Muriel weiß noch nichts davon. Das Porträt soll eine Überraschung für sie an ihrem Geburtstag sein. Die Krankenschwester geht mit dem Kind angeblich raus, um eine Verschnaufpause zu machen, und hier unten wird es abgeblasen. Wenn Sie ein Beispiel für die Ironie des Schicksals wollen, Bertie, dann lesen Sie sich das hier durch. Das ist der erste Auftrag, den ich je hatte, ein Porträt zu malen, und das Modell ist dieses menschliche pochierte Ei, das sich eingemischt und mich um mein Erbe gedrängt hat. Kann man das toppen? Ich nenne es, es mir unter die Nase reiben zu wollen, wenn man von mir erwartet, meine Nachmittage damit zu verbringen, in das hässliche Gesicht eines kleinen Balgs zu starren, der mir praktisch mit einem Totschläger hinters Ohr geschlagen und mir alles abgenommen hat, was ich besitze. Ich kann mich nicht weigern, das Porträt zu malen, denn wenn ich es täte, würde mein Onkel mir mein Taschengeld streichen; doch jedes Mal, wenn ich aufschaue und den leeren Blick dieses Kindes erwische, leide ich Qualen. Ich sage dir, Bertie, manchmal, wenn er mir einen herablassenden Blick zuwirft und sich dann abwendet und krank ist, als würde es ihn anwidern, mich anzusehen, bin ich kurz davor, die gesamte Titelseite der Abendzeitungen als neueste Mordsensation zu belegen . Es gibt Momente, in denen ich die

Schlagzeilen fast sehen kann: ‚Vielversprechende junge Künstlerin holt Baby mit Axt.'"

Ich klopfte ihm schweigend auf die Schulter. Mein Mitgefühl für den armen alten Pfadfinder war zu groß für Worte.

Danach ging ich eine Zeit lang nicht mehr ins Atelier, weil ich es nicht für richtig hielt, mich in den Kummer des armen Kerls einzumischen . Außerdem muss ich sagen, dass mich diese Krankenschwester eingeschüchtert hat. Sie erinnerte mich so schrecklich an Tante Agatha. Sie war der gleiche Typ mit den stechenden Augen.

Aber eines Nachmittags rief mich Corky an.

„Bertie."

„ Hallo ?"

„Machst du heute Nachmittag etwas vor?"

"Nichts Besonderes."

„Du konntest doch nicht hier runterkommen, oder?"

„Was ist los? Irgendwas los?"

„Ich habe das Porträt fertiggestellt."

„Guter Junge! Gute Arbeit!"

„Ja." Seine Stimme klang ziemlich zweifelnd. „Tatsache ist, Bertie, dass es für mich nicht ganz richtig aussieht. Da ist irgendwas dran – mein Onkel kommt in einer halben Stunde, um es zu inspizieren, und – ich weiß nicht, warum, aber ich habe das Gefühl, dass ich deine moralische Unterstützung brauche!"

Ich begann zu begreifen, dass ich mich auf etwas einließ. Jeeves' verständnisvolle Zusammenarbeit schien mir angebracht.

„Glauben Sie, er wird grob vorgehen?"

„Das kann er."

Ich dachte an den rotgesichtigen Kerl zurück , den ich im Restaurant getroffen hatte, und versuchte mir vorzustellen, wie er grob herumhackte. Das war nur zu einfach. Ich sprach mit Corky fest am Telefon.

„Ich komme", sagte ich.

"Gut!"

„Aber nur, wenn ich Jeeves mitbringen darf!"

„Warum Jeeves? Was hat Jeeves damit zu tun? Wer will Jeeves? Jeeves ist der Narr, der den Plan vorgeschlagen hat, der dazu geführt hat –"

„Hör zu, Corky, alter Knirps! Wenn du glaubst, dass ich deinem Onkel ohne Jeeves' Unterstützung gegenübertreten kann, dann irrst du dich. Ich würde eher in eine Höhle mit wilden Tieren gehen und einen Löwen in den Nacken beißen."

„Oh, alles klar", sagte Corky. Nicht herzlich, aber er sagte es; also rief ich Jeeves an und erklärte ihm die Situation.

„Sehr gut, Sir", sagte Jeeves.

So ein Typ ist er. Den kann man nicht aus der Ruhe bringen.

Wir fanden Corky in der Nähe der Tür, wo er das Bild ansah und eine Hand abwehrend erhoben hatte, als fürchtete er, es könnte auf ihn fallen.

„Bleiben Sie stehen, Bertie", sagte er, ohne sich zu bewegen. „Und jetzt sagen Sie mir ehrlich, wie gefällt Ihnen das?"

Das Licht durch das große Fenster fiel direkt auf das Bild. Ich betrachtete es genau. Dann ging ich etwas näher heran und schaute noch einmal hin. Dann ging ich wieder dorthin zurück, wo ich zuerst gewesen war, denn von dort aus war es nicht ganz so schlimm ausgesehen.

„Nun?", sagte Corky besorgt.

Ich zögerte kurz.

„Natürlich, alter Mann, ich habe den Jungen nur einmal gesehen, und dann auch nur für einen kurzen Augenblick, aber – aber es *war* ein ziemlich hässlicher Junge, nicht wahr, wenn ich mich recht erinnere?"

„So hässlich wie das?"

Ich habe noch einmal nachgeschaut und die Ehrlichkeit zwang mich, offen zu sein.

„Ich weiß nicht, wie das sein kann, alter Junge."

Der arme alte Corky fuhr sich auf launische Art und Weise mit den Fingern durchs Haar. Er stöhnte.

„Da hast du vollkommen recht, Bertie. Irgendetwas ist mit dem verdammten Ding nicht in Ordnung. Mein persönlicher Eindruck ist, dass ich, ohne es zu wissen, den Trick gemacht habe, den Sargent und diese Kerle machen – die Seele des Modells zu malen. Ich bin über die bloße äußere Erscheinung hinausgekommen und habe die Seele des Kindes auf die Leinwand gebracht."

„Aber könnte ein Kind in diesem Alter eine solche Seele haben? Ich weiß nicht, wie er das in der Zeit geschafft haben könnte. Was denkst du, Jeeves?“

„Das bezweifle ich, Sir.“

„Es – es starrt Sie irgendwie lüstern an, nicht wahr?“

„Ist dir das auch aufgefallen?“, sagte Corky.

„Ich weiß nicht, wie man das übersehen könnte.“

„Ich habe nur versucht, dem kleinen Biest einen fröhlichen Gesichtsausdruck zu verleihen. Aber wie sich herausstellte, sieht er geradezu zerstreut aus.“

„Genau das wollte ich vorschlagen, alter Mann. Er sieht aus, als wäre er mitten in einem kolossalen Saufgelage und würde jede Minute davon genießen. Meinst du nicht auch, Jeeves?“

„Er wirkt ausgesprochen betrunken, Sir.“

Corky wollte gerade etwas sagen, als die Tür aufging und der Onkel hereinkam.

Etwa drei Sekunden lang herrschte Freude, Fröhlichkeit und Wohlwollen. Der alte Junge schüttelte mir die Hand, klopfte Corky auf die Schulter, sagte, er glaube nicht, dass er jemals einen so schönen Tag erlebt habe, und schlug ihm mit seinem Stock aufs Bein. Jeeves hatte sich in den Hintergrund gestellt und bemerkte ihn nicht.

„Also, Bruce, mein Junge. Das Porträt ist also wirklich fertig, oder? Wirklich fertig? Dann bring es raus. Lass es uns ansehen. Das wird eine wunderbare Überraschung für deine Tante sein. Wo ist es? Lass uns …“

Und dann hat er es kapiert – plötzlich, als er nicht auf den Schlag vorbereitet war, und er ist auf seinen Fersen zurückgewichen.

„ Oosh !“, rief er. Und für etwa eine Minute herrschte eine der schrecklichsten Stillen, die ich je erlebt habe.

„Soll das ein Scherz sein?“, sagte er schließlich, und zwar auf eine Art, die etwa sechzehn Luftzüge gleichzeitig durch das Zimmer fegen ließ.

Ich dachte, es läge an mir, den alten Corky zu unterstützen.

„Sie sollten etwas weiter davon entfernt stehen“, sagte ich.

„Sie haben vollkommen recht!“, schnaubte er. „Das tue ich! Ich will so weit davon entfernt stehen, dass ich das Ding nicht mit einem Teleskop sehen kann!“ Er wandte sich Corky zu wie ein ungezähmter Dschungeltiger, der gerade ein Stück Fleisch entdeckt hat. „Und dafür – dafür – haben Sie all die

Jahre Ihre Zeit und mein Geld verschwendet! Ein Maler! Ich würde Sie nicht ein Haus von mir streichen lassen! Ich habe Ihnen diesen Auftrag gegeben, weil ich dachte, Sie wären ein kompetenter Arbeiter, und dieser – dieser – dieser Auszug aus einer Comic- Beilage ist das Ergebnis!" Er schwang sich zur Tür, peitschte mit dem Schwanz und knurrte vor sich hin. „Das ist das Ende! Wenn Sie diesen Blödsinn, sich als Künstler auszugeben, weiterführen wollen, nur um eine Ausrede für Faulheit zu haben, dann tun Sie es. Aber lassen Sie mich Ihnen eines sagen: Wenn Sie sich nicht am Montagmorgen in meinem Büro melden und bereit sind, all diesen Blödsinn aufzugeben und ganz unten im Geschäft anzufangen, um sich hochzuarbeiten, wie Sie es schon vor einem halben Dutzend Jahren hätten tun sollen, dann keinen Cent mehr – keinen Cent mehr – keinen Cent mehr – Buh !"

Dann schloss sich die Tür, und er war nicht mehr bei uns. Und ich kroch aus dem bombensicheren Unterschlupf.

„Corky, alter Kreisel!", flüsterte ich schwach.

Corky stand da und starrte auf das Bild. Sein Gesicht war starr. In seinen Augen lag ein gehetzter Ausdruck.

„So, damit wäre es erledigt!", murmelte er mit gebrochener Stimme.

"Was werden Sie tun?"

„Was soll ich tun? Was soll ich tun? Ich kann hier nicht bleiben, wenn er die Versorgung einstellt. Du hast gehört, was er gesagt hat. Ich muss am Montag ins Büro."

Mir fiel nichts ein, was ich hätte sagen können. Ich wusste genau, was er von dem Büro hielt. Ich weiß nicht, wann ich mich das letzte Mal so unheimlich unwohl gefühlt habe. Es war, als würde ich herumhängen und versuchen, mit einem Kumpel ein Gespräch anzufangen, der gerade zu zwanzig Jahren Gefängnis verurteilt worden ist.

Und dann durchbrach eine beruhigende Stimme die Stille.

„Darf ich einen Vorschlag machen, Sir!"

Es war Jeeves. Er war aus den Schatten geglitten und blickte ernst auf das Bild. Ehrlich, ich kann Ihnen keine bessere Vorstellung von der erschütternden Wirkung von Corkys Onkel Alexander in Aktion geben, als wenn ich sage, dass er mich für den Moment völlig vergessen ließ, dass Jeeves da war.

Thistleton erwähnt habe , bei dem ich einmal im Dienst war. Vielleicht haben Sie ihn getroffen? Er war ein Finanzier. Heute ist er Lord Bridgnorth . Er sagte immer gerne , dass es immer einen Weg gibt. Das erste Mal hörte ich ihn diesen Ausdruck verwenden, nachdem ein patentiertes Enthaarungsmittel, das er vermarktete, gescheitert war."

„Jeeves", sagte ich, „ wovon in aller Welt redest du?"

„Ich erwähnte Mr. Thistleton , Sir, weil sein Fall in mancher Hinsicht dem vorliegenden ähnelte. Sein Enthaarungsmittel funktionierte nicht, aber er verzweifelte nicht. Er brachte es erneut auf den Markt unter dem Namen Hair-o und garantierte, dass es innerhalb weniger Monate volles Haar hervorbringen würde. Wenn Sie sich erinnern, Sir, wurde es mit einem humorvollen Bild einer Billardkugel vor und nach dem Einnehmen beworben und brachte ein so beträchtliches Vermögen ein, dass Mr. Thistleton bald darauf für seine Verdienste um seine Partei in den Adelsstand erhoben wurde. Ich glaube, wenn Mr. Corcoran sich der Sache annimmt, wird er wie Mr. Thistleton feststellen , dass es immer einen Weg gibt. Mr. Worple selbst schlug die Lösung des Problems vor. In der Hitze des Augenblicks verglich er das Porträt mit einem Auszug aus einer farbigen Comicbeilage. Ich halte den Vorschlag für sehr wertvoll, Sir. Mr. Corcorans Porträt hat Mr. Worple als Abbild seines einzigen Kindes vielleicht nicht gefallen, aber ich bin mir sicher, dass die Herausgeber es gerne als Grundlage für eine Reihe humorvoller Zeichnungen in Betracht ziehen würden. Wenn Mr. Corcoran mir erlaubt, den Vorschlag zu machen, so war sein Talent schon immer das Humorvolle. Dieses Bild hat etwas – etwas Kühnes und Kraftvolles, das die Aufmerksamkeit fesselt. Ich bin sicher, es wäre sehr beliebt."

Corky starrte das Bild wütend an und machte mit dem Mund eine Art trockenes, saugendes Geräusch. Er schien völlig überreizt.

Und dann begann er plötzlich wild zu lachen.

„Corky, alter Mann!", sagte ich und massierte ihn zärtlich. Ich fürchtete, der arme Kerl war hysterisch.

Er begann, über den Boden zu taumeln.

„Er hat recht! Der Mann hat absolut recht! Jeeves, du bist ein Lebensretter! Du hast die größte Idee aller Zeiten! Melde dich am Montag im Büro! Fang ganz unten im Geschäft an! Ich werde das Geschäft kaufen, wenn mir danach ist. Ich kenne den Mann, der die Comic-Abteilung des *Sunday Star leitet* . Er wird das Ding fressen. Er hat mir erst neulich erzählt, wie schwer es ist, eine gute neue Serie zu bekommen. Für einen echten Gewinner wie diesen gibt er mir alles, was ich verlange. Ich habe eine Goldmine. Wo ist mein Hut? Ich habe ein Einkommen fürs Leben! Wo ist dieser verdammte Hut? Leih mir einen Fünfer, Bertie. Ich will ein Taxi nach Park Row nehmen!"

Jeeves lächelte väterlich. Oder besser gesagt, er hatte eine Art väterlichen Muskelkrampf um den Mund, was dem Lächeln, das er jemals hatte, am nächsten kam.

„Wenn ich einen Vorschlag machen darf, Mr. Corcoran, als Titel für die Serie, die Ihnen vorschwebt, ‚Die Abenteuer von Baby Blobbs ‘.“

Corky und ich schauten uns das Bild an und dann einander voller Ehrfurcht. Jeeves hatte recht. Es konnte keinen anderen Titel geben.

„Jeeves“, sagte ich. Es war ein paar Wochen her und ich hatte gerade den Comicteil des *Sunday Star durchgelesen* . „Ich bin Optimist. Das war ich schon immer. Je älter ich werde, desto mehr stimme ich Shakespeare und diesen Poeten Johnnies zu, die sagen, dass es vor der Dämmerung am dunkelsten ist und dass es auch gute Seiten gibt und dass man das, was man auf den Schaukeln verliert, auf dem Karussell wieder wettmacht. Sehen Sie sich zum Beispiel Mr. Corcoran an. Da war ein Kerl, hätte man gesagt, der steckte bis zu den Augenbrauen in der Suppe. Allem Anschein nach hatte er es bis zum Hals in den Nacken bekommen. Aber sehen Sie ihn sich jetzt an. Haben Sie diese Bilder gesehen?“

„Ich habe mir die Freiheit genommen, einen Blick darauf zu werfen, bevor ich sie Ihnen gebracht habe, Sir. Äußerst unterhaltsam.“

„Sie haben einen großen Erfolg gelandet, wissen Sie.“

„Ich habe es erwartet, Sir.“

Ich lehnte mich gegen die Kissen zurück.

„Wissen Sie, Jeeves, Sie sind ein Genie. Sie sollten für diese Dinge eine Provision bekommen.“

„Ich habe in dieser Hinsicht nichts zu beanstanden, Sir. Mr. Corcoran war äußerst großzügig. Ich stelle den braunen Anzug zur Verfügung, Sir.“

„Nein, ich glaube, ich trage das Blau mit dem schwachen roten Streifen.“

„Nicht das Blaue mit dem schwachen roten Streifen, Sir.“

„Aber ich bilde mir ein, darin zu sein.“

„Nicht das Blaue mit dem schwachen roten Streifen, Sir.“

„Oh, schon gut, machen Sie es auf Ihre Art.“

„Sehr gut, Sir. Danke, Sir.“

Natürlich weiß ich, dass das genauso schlimm ist wie unter dem Pantoffel zu stehen, aber Jeeves hat ja immer recht. Das muss man bedenken, wissen Sie. Was?

JEEVES UND DER UNGEBETENE GAST

Ich bin mir meiner Fakten nicht ganz sicher, aber ich stelle mir vor, dass es Shakespeare war – oder, wenn nicht, irgendein ähnlich kluger Junge –, der sagte, dass das Schicksal sich immer dann, wenn ein Kerl besonders bekloppt und mit den Dingen im Allgemeinen mehr als sonst beschäftigt ist, mit einem Stück Bleirohr von hinten an ihn heranschleicht. Zweifellos hat der Mann recht. Bei mir ist es ganz genauso. Nehmen wir zum Beispiel die ziemlich merkwürdige Angelegenheit von Lady Malvern und ihrem Sohn Wilmot. Einen Moment bevor sie auftauchten, dachte ich gerade darüber nach, wie absolut alles in Ordnung war.

Es war einer dieser knallharten Morgen, und ich war gerade aus der kalten Dusche geklettert und fühlte mich wie ein Zweijähriger. Tatsächlich war ich gerade deshalb besonders sauer, weil ich mich am Tag zuvor bei Jeeves behauptet hatte – mich absolut behauptet hatte, wissen Sie. Sehen Sie, so wie die Dinge gelaufen waren, wurde ich schnell zu einem verdammten Leibeigenen. Der Mann hatte mich verdammt unterdrückt. Es machte mir nicht viel aus, als er mich zwang, einen meiner neuen Anzüge herzugeben, denn Jeeves' Urteil über Anzüge ist vernünftig. Aber ich rebellierte beinahe, als er mir nicht erlaubte, ein Paar Stoffstiefel anzuziehen, die ich wie zwei Brüder liebte. Und als er versuchte, mich wegen eines Hutes wie einen Wurm zu zertrampeln, trat ich ihm mit aller Macht entgegen und zeigte ihm, wer wer war. Es ist eine lange Geschichte, und ich habe jetzt keine Zeit, sie Ihnen zu erzählen, aber der springende Punkt ist, dass er wollte, dass ich den Longacre trage – wie ihn John Drew trug –, während ich mein Herz an den Country Gentleman verloren hatte – wie ihn ein anderer berühmter Schauspieler trug – und das Ende der Sache war, dass ich mir nach einer ziemlich schmerzhaften Szene den Country Gentleman kaufte. So stand es also an diesem Morgen, und ich fühlte mich irgendwie männlich und unabhängig.

Also, ich war gerade im Badezimmer und überlegte, was es zum Frühstück geben würde, während ich mir mit einem rauen Handtuch die Wirbelsäule massierte und leise sang, als es an der Tür klopfte. Ich hörte auf zu singen und öffnete die Tür einen Spaltbreit.

„Was soll das ohne da!"

„Lady Malvern möchte Sie sehen, Sir", sagte Jeeves.

„Wie?"

„Lady Malvern, Sir. Sie wartet im Wohnzimmer."

„Reiß dich zusammen, Jeeves, mein Mann", sagte ich ziemlich streng, denn ich verbiete Streiche vor dem Frühstück. „Du weißt ganz genau, dass im

Wohnzimmer niemand auf mich wartet. Wie könnte das auch sein, wenn es noch nicht einmal zehn Uhr ist?"

„Ich habe von Ihrer Ladyschaft erfahren, Sir, dass sie heute früh von einem Ozeandampfer an Land gegangen ist."

Das machte die Sache ein wenig plausibler. Ich erinnerte mich, dass bei meiner Ankunft in Amerika vor etwa einem Jahr die Vorgänge zu einer grausigen Zeit wie etwa sechs begonnen hatten und dass ich deutlich vor acht an einem fremden Ufer erschossen worden war.

„Wer zum Teufel ist Lady Malvern, Jeeves?"

„Ihre Ladyschaft hat sich mir nicht anvertraut, Sir."

„Ist sie allein?"

„Ihre Ladyschaft wird von einem gewissen Lord Pershore begleitet , Sir. Ich nehme an, dass seine Lordschaft der Sohn Ihrer Ladyschaft ist."

„Na gut, dann lege mir ein paar reiche Gewänder bereit, und ich werde mich anziehen."

„Unsere Lounge mit Heidekrautmischung ist bereit, Sir."

„Dann führe mich dorthin."

Während ich mich anzog, überlegte ich, wer in aller Welt Lady Malvern sein könnte. Erst als ich durch den oberen Teil meiner Bluse kletterte und nach den Nieten griff, fiel es mir wieder ein.

„Ich habe sie platziert, Jeeves. Sie ist eine Freundin meiner Tante Agatha."

„Wirklich, Sir?"

„Ja. Ich traf sie eines Sonntags beim Mittagessen, bevor ich London verließ. Ein sehr bösartiges Exemplar. Schreibt Bücher. Sie schrieb ein Buch über die sozialen Verhältnisse in Indien, als sie vom Durbar zurückkkam."

„Ja, Sir? Entschuldigen Sie, Sir, aber nicht diese Krawatte!"

„Wie?"

„Nicht die Krawatte mit der Heidekraut-Mischung-Lounge, Sir!"

Das war ein Schock für mich. Ich dachte, ich hätte den Kerl beruhigt. Es war ein ziemlich ernster Moment. Was ich meine ist, wenn ich jetzt schwach würde, wäre meine ganze gute Arbeit vom Vorabend umsonst gewesen. Ich wappnete mich.

„Was ist mit dieser Krawatte los? Ich habe schon gesehen, wie du sie böse angeschaut hast. Sprich wie ein Mann! Was ist los mit ihr?"

„Zu verziert, Sir.“

„Unsinn! Ein fröhliches Pink. Mehr nicht.“

„Ungeeignet, Sir.“

„Jeeves, das ist die Krawatte, die ich trage!“

"Sehr gut, Herr."

Verdammt unangenehm. Ich konnte sehen, dass der Mann verletzt war. Aber ich blieb standhaft. Ich band die Krawatte, schlüpfte in Mantel und Weste und ging ins Wohnzimmer.

„ Hallo ! Hallo ! Hallo !“, sagte ich. „Was?“

„Ah! Wie geht es Ihnen, Mr. Wooster? Sie haben meinen Sohn Wilmot wohl noch nie getroffen? Motty, Liebling, das ist Mr. Wooster.“

Lady Malvern war eine herzhafte, fröhliche, gesunde, überwältigende, etwas schneidig wirkende Frau, nicht sehr groß, was sie jedoch durch ihre Größe von etwa 1,80 m von der Vorderseite bis zur Vorderseite wettmachte. Sie passte in meinen größten Sessel, als hätte ihn jemand um sie herum gebaut, der wusste, dass sie in dieser Saison Sessel trugen, die eng um die Hüften lagen. Sie hatte helle, hervorquellende Augen und viel blondes Haar, und wenn sie sprach, zeigte sie etwa 57 Vorderzähne. Sie war eine dieser Frauen, die die Sinne eines Mannes irgendwie betäuben. Sie gab mir das Gefühl, als wäre ich zehn Jahre alt und in meinem Sonntagskleid ins Wohnzimmer gebracht worden, um „Guten Tag“ zu sagen . Insgesamt keineswegs die Art von Person, die ein Kerl vor dem Frühstück in seinem Wohnzimmer vorfinden möchte.

Motty, der Sohn, war etwa dreiundzwanzig, groß und dünn und wirkte sanftmütig. Er hatte das gleiche blonde Haar wie seine Mutter, aber er trug es offen und in der Mitte gescheitelt. Auch seine Augen quollen hervor, aber sie leuchteten nicht. Sie waren mattgrau mit rosa Rändern. Sein Kinn gab etwa auf halber Höhe auf, und er schien keine Wimpern zu haben. Kurz gesagt, ein sanftmütiger, verstohlener, schüchterner Kerl.

„Freut mich wahnsinnig, Sie zu sehen“, sagte ich. „Sie sind also vorbeigekommen, was? Machen Sie einen längeren Aufenthalt in Amerika?“

„Ungefähr einen Monat. Deine Tante hat mir deine Adresse gegeben und gesagt, ich solle unbedingt bei dir vorbeischauen.“

Ich war froh, das zu hören, denn es zeigte, dass Tante Agatha langsam wieder auf die Beine kam. Ein Jahr zuvor hatte es einige Unannehmlichkeiten gegeben, als sie mich nach New York geschickt hatte, um meine Cousine Gussie aus den Fängen eines Mädchens auf der Varietébühne zu befreien.

Wenn ich Ihnen erzähle, dass Gussie, als ich meine Operationen beendet hatte, das Mädchen nicht nur geheiratet hatte, sondern selbst auf der Bühne stand und es ihm gut ging, werden Sie verstehen, dass Tante Agatha ziemlich verärgert war. Ich hatte es einfach nicht gewagt, zurückzugehen und ihr gegenüberzutreten, und es war eine Erleichterung, festzustellen, dass die Zeit die Wunde und all das so weit geheilt hatte, dass sie ihren Freundinnen sagte, sie sollten mich aufsuchen. Was ich meine, ist, so sehr ich Amerika mochte, wollte ich mir England für den Rest meines Lebens nicht verwehren; und glauben Sie mir, England ist ein verdammter Anblick, als dass irgendjemand dort mit Tante Agatha leben könnte , wenn sie wirklich auf dem Kriegspfad ist. Also machte ich mich auf diese freundlichen Worte gefasst und lächelte die Anwesenden freundlich an.

„Ihre Tante sagte, dass Sie alles in Ihrer Macht Stehende tun würden, um uns zu helfen.“

„Eher? Oh, lieber! Auf jeden Fall!“

„Vielen Dank. Ich möchte, dass du den lieben Motty für eine Weile bei dir unterbringst.“

Ich habe das einen Moment lang nicht verstanden.

„Ihn aufstellen? Für meine Schläger?“

„Nein, nein! Der liebe Motty ist im Grunde ein Stubenhocker. Nicht wahr, Motty, Liebling?“

Motty, der am Knauf seines Stocks lutschte, entkorkte sich.

„Ja, Mutter“, sagte er und verkorkste sich erneut.

„Ich möchte nicht, dass er einem Club angehört. Ich meine, er soll hier wohnen. Er soll bei Ihnen wohnen, während ich weg bin.“

Diese schrecklichen Worte flossen wie Honig aus ihr heraus. Die Frau schien die Grausamkeit ihres Vorschlags einfach nicht zu begreifen. Ich musterte Motty von Osten nach Westen. Er saß da, rieb sich mit dem Mund an dem Stock und blinzelte die Wand an. Der Gedanke, dass mir das auf unbestimmte Zeit aufgezwungen wurde, entsetzte mich. Ich entsetzte mich wirklich, wissen Sie. Ich wollte gerade sagen, dass der Schuss um keinen Preis möglich war und dass ich beim ersten Anzeichen, dass Motty versuchen würde, sich in mein kleines Heim einzukuscheln, nach der Polizei rufen würde, als sie fortfuhr und sich sozusagen friedlich über mich rollte.

Diese Frau hatte etwas an sich, das die Willenskraft eines Kerls untergrub.

„Ich verlasse New York mit dem Mittagszug, da ich das Sing-Sing-Gefängnis besuchen muss. Ich interessiere mich sehr für die Gefängnisbedingungen in

Amerika. Danach arbeite ich mich allmählich zur Küste vor und besuche auf der Reise die interessanten Orte. Wissen Sie, Mr. Wooster, ich bin hauptsächlich geschäftlich in Amerika. Sie haben sicher mein Buch ‚ *India and the Indians'* gelesen ? Meine Verleger möchten, dass ich einen Begleitband über die Vereinigten Staaten schreibe. Ich werde nicht länger als einen Monat im Land verbringen können, da ich für die Saison zurück muss, aber ein Monat sollte ausreichen. Ich war weniger als einen Monat in Indien, und mein lieber Freund Sir Roger Cremorne schrieb sein Buch ‚ *America from Within'* nach einem Aufenthalt von nur zwei Wochen. Ich würde den lieben Motty gerne mitnehmen, aber der arme Junge wird so krank, wenn er mit dem Zug reist. Ich werde ihn bei meiner Rückkehr abholen müssen.“

Von meinem Platz aus konnte ich Jeeves im Esszimmer sehen, wie er den Frühstückstisch deckte. Ich wünschte, ich hätte eine Minute mit ihm allein verbringen können. Ich war mir sicher, dass er sich einen Weg ausgedacht hätte, dieser Frau Einhalt zu gebieten.

„Es wird eine große Erleichterung sein zu wissen, dass Motty bei Ihnen sicher ist, Mr. Wooster. Ich kenne die Versuchungen einer Großstadt. Bisher war der liebe Motty vor ihnen geschützt. Er hat ruhig mit mir auf dem Land gelebt. Ich weiß, dass Sie sich gut um ihn kümmern werden, Mr. Wooster. Er wird kaum Ärger machen.“ Sie sprach über den armen Kerl, als wäre er nicht da. Nicht, dass es Motty etwas auszumachen schien. Er hatte aufgehört, auf seinem Spazierstock herumzukauen und saß mit offenem Mund da. „Er ist Vegetarier und Abstinenzler und liebt das Lesen. Geben Sie ihm ein schönes Buch und er wird ganz zufrieden sein.“ Sie stand auf. „Vielen Dank, Mr. Wooster! Ich weiß nicht, was ich ohne Ihre Hilfe getan hätte. Kommen Sie, Motty! Wir haben gerade noch Zeit, uns ein paar Sehenswürdigkeiten anzusehen, bevor mein Zug abfährt. Aber ich werde mich bei den meisten Informationen über New York auf Sie verlassen müssen, Liebling. Halten Sie unbedingt die Augen offen und machen Sie sich Notizen über Ihre Eindrücke! Das wird eine große Hilfe sein. Auf Wiedersehen, Mr. Wooster. Ich werde Motty am frühen Nachmittag zurückschicken.“

Sie gingen hinaus und ich schrie nach Jeeves.

"Jeeves! Was ist damit?"

"Herr?"

„Was ist zu tun? Du hast doch alles gehört, oder? Du warst die meiste Zeit im Esszimmer. Die Pille wird hier bleiben.“

„Pille, Sir?“

„Der Auswuchs.“

„Wie bitte, Sir?“

Ich sah Jeeves scharf an. So etwas war nicht seine Art. Es war, als wollte er mir absichtlich einen Streich spielen. Dann verstand ich. Der Mann war wirklich verärgert über die Krawatte. Er wollte sich rächen.

„Lord Pershore wird ab heute Abend hier bleiben, Jeeves", sagte ich kalt.

„Sehr gut, Sir. Das Frühstück ist fertig, Sir."

Ich hätte in den Speck und die Eier hineinschluchzen können. Dass ich bei Jeeves kein Mitgefühl hatte, war der letzte Schliff. Einen Moment lang wäre ich fast schwach geworden und hätte ihm gesagt, er solle Hut und Krawatte zerstören, wenn sie ihm nicht gefielen, aber ich riss mich wieder zusammen. Ich wollte verdammt sein, wenn ich zulassen würde, dass Jeeves mich wie eine üble Ein-Mann-Sträflingskolonne behandelte!

Aber da ich ständig über Jeeves und Motty grübelte, war ich ziemlich niedergeschlagen. Je mehr ich über die Situation nachdachte, desto schlimmer wurde sie. Ich konnte nichts tun. Wenn ich Motty rausschmiss, würde er es seiner Mutter melden, und sie würde es an Tante Agatha weitergeben, und ich wollte gar nicht darüber nachdenken, was dann passieren würde. Früher oder später würde ich nach England zurückkehren wollen, und ich wollte nicht dort ankommen und Tante Agatha mit einer ausgestopften Aalhaut am Kai auf mich warten sehen . Mir blieb absolut nichts anderes übrig, als den Kerl unterzubringen und das Beste daraus zu machen.

Gegen Mittag kam Mottys Gepäck an und bald darauf ein großes Paket mit Büchern, die ich für schön hielt. Als ich es sah, hellte sich meine Stimmung ein wenig auf. Es war eines dieser riesigen Pakete und sah aus, als ob es genug Inhalt enthielt, um den Kerl ein Jahr lang zu beschäftigen. Ich fühlte mich ein wenig fröhlicher, nahm meinen Country Gentleman-Hut, steckte ihn mir auf den Kopf, drehte die rosa Krawatte und taumelte hinaus, um mit ein oder zwei der Jungs in einem benachbarten Gasthaus etwas zu Mittag zu essen. Und mit ausgezeichnetem Stöbern und Schlemmen und heiteren Gesprächen und so weiter verging der Nachmittag ganz glücklich. Bis zum Abendessen hatte ich Mottys verdorbene Existenz fast vergessen.

Ich habe im Club zu Abend gegessen und mir danach eine Show angesehen. Erst ziemlich spät kam ich in die Wohnung zurück. Von Motty war keine Spur zu sehen, und ich nahm an, dass er zu Bett gegangen war.

Ich fand es allerdings seltsam, dass das Paket mit den schönen Büchern noch mit der Schnur und dem Papier daran da war. Es sah so aus, als hätte Motty, nachdem er seine Mutter am Bahnhof verabschiedet hatte, beschlossen, Schluss für heute zu machen.

Jeeves kam mit dem abendlichen Whisky-Soda herein. Ich konnte an der Art des Kerls erkennen , dass er immer noch verärgert war.

„Ist Lord Pershore zu Bett gegangen, Jeeves?", fragte ich mit zurückhaltender Arroganz und so weiter.

„Nein, Sir. Seine Lordschaft ist noch nicht zurückgekehrt."

„Nicht zurückgekommen? Was meinst du?"

„Seine Lordschaft kam kurz nach halb sieben herein, zog sich an und ging wieder hinaus."

In diesem Moment war vor der Haustür ein Geräusch zu hören, eine Art Scharren, als ob jemand versuchte, sich mit den Pfoten einen Weg durch das Holzwerk zu bahnen. Dann ein dumpfer Schlag.

„Sieh lieber nach, was das ist, Jeeves."

"Sehr gut, Herr."

Er ging hinaus und kam wieder zurück.

„Wenn es Ihnen nichts ausmacht, hier entlang zu gehen, Sir, ich denke, wir können ihn hineintragen."

„Ihn reintragen?"

„Seine Lordschaft liegt auf der Matte, Sir."

Ich ging zur Haustür. Der Mann hatte recht. Motty lag zusammengekauert draußen auf dem Boden. Er stöhnte ein wenig.

„Er hatte einen echt beschissenen Anfall", sagte ich. Ich sah noch einmal nach. „Jeeves! Jemand hat ihm Fleisch gegeben!"

"Herr?"

„Er ist Vegetarier, wissen Sie. Er muss gerade ein Steak oder so gegessen haben. Rufen Sie einen Arzt!"

„Ich glaube kaum, dass das nötig sein wird, Sir. Wenn Sie Seiner Lordschaft die Beine abnehmen würden, während ich –"

„Großartiger Schotte, Jeeves! Du glaubst doch nicht, dass er nicht …"

„Ich neige dazu, das zu glauben, Sir."

Und, bei Gott, er hatte recht! Wenn man erst einmal auf dem richtigen Weg war, konnte man sich nicht irren. Motty war unter der Oberfläche.

Es war ein höllischer Schock.

„Das kann man nie wissen, Jeeves!"

„Sehr selten, Sir.“

„Wenden Sie sich dem Auge der Autorität zu, und wo sind Sie?“

„Genau, Sir.“

„Wo ist mein wandernder Junge heute Nacht und all diese Dinge, was?“

„Es scheint so, Sir.“

„Dann sollten wir ihn wohl besser reinholen, oder?“

"Jawohl."

Also schleppten wir ihn hinein, und Jeeves brachte ihn ins Bett, und ich zündete mir eine Zigarette an und setzte mich hin, um über die Sache nachzudenken. Ich hatte eine Art Vorahnung. Es kam mir so vor, als hätte ich mich auf etwas ziemlich Heikles eingelassen.

Am nächsten Morgen, nachdem ich eine Tasse Tee getrunken hatte, ging ich in Mottys Zimmer, um nachzusehen. Ich erwartete, den Kerl völlig fertig vorzufinden, aber da saß er, ganz munter, aufrecht im Bett und las Gingery-Geschichten.

„Was, ho!“, sagte ich.

„Was, ho!“, sagte Motty.

„Was ho! Was ho!“

„Was ho! Was ho! Was ho!“

Danach war es ziemlich schwierig, das Gespräch fortzusetzen.

„Wie fühlen Sie sich heute Morgen?“, fragte ich.

„Topping!“, antwortete Motty unbekümmert und unbekümmert. „Weißt du, dieser Kerl von dir – Jeeves, weißt du – ist ein Volltreffer. Ich hatte schreckliche Kopfschmerzen, als ich aufwachte, und er brachte mir eine Art dunkles Rumgetränk, das mich sofort wieder auf die Beine brachte. Er sagte, es sei seine eigene Erfindung. Ich muss mehr von diesem Jungen sehen. Er scheint mir eindeutig einer von denen zu sein!“

Ich konnte nicht glauben, dass das derselbe Kerl war, der am Tag zuvor da gesessen und an seinem Stock gelutscht hatte.

„Du hast gestern Abend etwas gegessen, was dir nicht bekommen ist, oder?“, sagte ich, um ihm die Chance zu geben, sich aus der Affäre zu ziehen, wenn er wollte. Aber das wollte er nicht, um keinen Preis.

„Nein!“, antwortete er fest. „Ich habe nichts dergleichen getan. Ich habe zu viel getrunken! Viel zu viel. Viel, viel zu viel! Und außerdem werde ich es wieder tun! Ich werde es jede Nacht tun. Wenn du mich jemals nüchtern siehst, alter Knacker", sagte er mit einer Art heiliger Begeisterung, „klopf mir auf die Schulter und sag ‚Tss! Tsss!' und ich werde mich entschuldigen und den Fehler beheben."

„Aber ich sage, wissen Sie, was ist mit mir?"

"Was ist mit dir?"

„Nun, ich bin sozusagen für Sie verantwortlich. Was ich damit sagen will, ist, wenn Sie so etwas tun, werde ich wahrscheinlich ein bisschen in Schwierigkeiten geraten."

„Ich kann dir nicht helfen", sagte Motty fest. „Hör mir zu, altes Ding: Dies ist das erste Mal in meinem Leben, dass ich eine echte Chance habe, den Versuchungen einer Großstadt nachzugeben. Was nützen Versuchungen in einer Großstadt, wenn die Leute ihnen nicht nachgeben? Das macht es für eine Großstadt so verdammt entmutigend. Außerdem hat mir Mutter gesagt, ich solle die Augen offen halten und Eindrücke sammeln."

Ich saß auf der Bettkante. Mir war schwindlig.

„Ich weiß genau, wie du dich fühlst, mein Lieber", sagte Motty tröstend. „Und wenn meine Grundsätze es zulassen würden, würde ich mich deinetwegen beruhigen. Aber die Pflicht geht vor! Dies ist das erste Mal, dass ich allein rausgelassen werde, und ich möchte das Beste daraus machen. Wir sind nur einmal jung. Warum den Morgen des Lebens stören? Junger Mann, freue dich deiner Jugend! Tra -la! Was ho!"

So ausgedrückt erschien es vernünftig.

„Mein ganzes Leben lang, mein Junge", fuhr Motty fort, „war ich in meinem Stammsitz in Much Middlefold in Shropshire eingesperrt, und wenn man nicht in Much Middlefold eingesperrt war, weiß man nicht, was Einsperren ist! Das einzige Mal, dass wir etwas Aufregendes erleben, ist, wenn einer der Chorknaben dabei erwischt wird, wie er während der Predigt Schokolade lutscht. Wenn das passiert, reden wir tagelang darüber. Ich habe ungefähr einen Monat in New York vor mir und möchte ein paar schöne Erinnerungen für die langen Winterabende sammeln. Dies ist meine einzige Chance, eine Vergangenheit zu sammeln, und ich werde es tun. Und jetzt sag mir, alter Junge, von Mann zu Mann, wie man mit diesem sehr anständigen Kerl Jeeves in Kontakt kommt? Läutet man eine Glocke oder schreit man ein bisschen? Ich würde gern mit ihm über das Thema eines guten, steifen Sch****s diskutieren !"

Ich hatte nämlich eine vage Vorstellung, dass ich die Fröhlichkeit ein wenig dämpfen könnte, wenn ich in Mottys Nähe bliebe und mit ihm durch die Gegend ginge. Ich dachte, wenn er, während er die Seele der Party war, meinen tadelnden Blick auf sich zog, würde er vielleicht etwas weniger ausgelassen feiern. Also nahm ich ihn am nächsten Abend mit zum Abendessen. Es war das letzte Mal. Ich bin ein ruhiger, friedlicher Kerl, der sein ganzes Leben in London verbracht hat, und ich kann das Tempo dieser flinken Sportler aus den ländlichen Gegenden nicht ertragen. Was ich damit sagen will, ist, dass ich ganz für vernünftigen Genuss und so weiter bin, aber ich finde, ein Kerl fällt auf, wenn er weichgekochte Eier auf den elektrischen Ventilator wirft. Und anständige Fröhlichkeit und all diese Dinge sind in Ordnung, aber ich tanze in Bars auf Tischen und muss überall herumrennen und Kellnern, Managern und Rausschmeißern ausweichen, und das immer dann, wenn man still sitzen und verdauen möchte.

Als ich mich an diesem Abend losreißen und nach Hause gehen konnte, beschloss ich, dass dies das letzte Mal sein würde, dass ich mit Motty unterwegs war. Das einzige Mal, dass ich ihn danach spät abends traf, war einmal, als ich an der Tür eines ziemlich heruntergekommenen Restaurants vorbeikam und ihm ausweichen musste, als er durch die Luft auf den gegenüberliegenden Bürgersteig zusteuerte , *während ihm* ein muskulös aussehender Kerl mit einer Art düsterer Zufriedenheit nachspähte.

In gewisser Weise konnte ich nicht anders, als Mitleid mit dem Kerl zu haben. Er hatte etwa vier Wochen Zeit, um die schöne Zeit zu verbringen, die eigentlich über etwa zehn Jahre hätte verteilt sein sollen, und ich wunderte mich nicht darüber, dass er ziemlich beschäftigt sein wollte. Ich wäre an seiner Stelle genauso gewesen. Trotzdem war es nicht zu leugnen, dass es ein bisschen dick aufgetragen war. Wäre da nicht der Gedanke an Lady Malvern und Tante Agatha im Hintergrund gewesen, hätte ich Mottys schnelle Arbeit mit einem nachsichtigen Lächeln betrachtet. Aber ich wurde das Gefühl nicht los, dass ich früher oder später der Junge sein würde, der es hinters Ohr kriegen würde. Und während ich über diese Aussicht grübelte, in der alten Wohnung saß und auf den vertrauten Schritt wartete, ihn ins Bett brachte, wenn er kam, und mich am nächsten Morgen ins Krankenzimmer schlich, um die Trümmer zu betrachten, begann ich abzunehmen. Ich wurde absolut zum guten alten Schatten, das gebe ich Ihnen mein ehrliches Wort. Ich erschrak bei plötzlichen Geräuschen und so weiter.

Und kein Mitgefühl von Jeeves. Das war es, was mich tief traf. Der Mann war immer noch total sauer wegen Hut und Krawatte und wollte einfach nicht mitmachen. Eines Morgens sehnte ich mich so sehr nach Trost, dass ich den Stolz der Woosters untergrub und mich an den direkten Kerl wandte.

„Jeeves", sagte ich, „das wird langsam ein bisschen kompliziert!"

„Sir?" Sachlich und mit kühler Ehrerbietung.

„Du weißt, was ich meine. Dieser Junge scheint alle Prinzipien einer gut verbrachten Kindheit über Bord geworfen zu haben. Er hat es in der Nase!"

"Jawohl."

„Na ja, ich werde beschuldigt, das weißt du doch. Du weißt, was meine Tante Agatha ist!"

"Jawohl."

"Sehr gut, dann."

Ich wartete einen Moment, aber er ließ nicht locker.

„Jeeves", sagte ich, „hast du denn keinen Plan in petto, wie du mit diesem Mistkerl fertig wirst?"

"Nein Sir."

Und er schimmerte in sein Versteck. Hartnäckiger Teufel! So verdammt absurd, weißt du. Es war nicht so, als wäre mit diesem Country Gentleman-Hut irgendetwas nicht in Ordnung gewesen. Es war eine bemerkenswert wertvolle Leistung und wurde von den Jungs sehr bewundert. Aber nur weil er den Longacre bevorzugte, ließ er mich draußen.

Kurz danach kam der junge Motty auf die Idee, in den frühen Morgenstunden Freunde mitzubringen, um die lustigen Feste im Haus fortzusetzen. Da begann ich unter der Belastung zusammenzubrechen. Wissen Sie, der Teil der Stadt, in dem ich lebte, war nicht der richtige Ort für so etwas. Ich kannte viele Jungs unten am Washington Square, die den Abend gegen 2 Uhr morgens begannen – Künstler und Schriftsteller und so weiter, die viel herumtollten, bis ihnen die Morgenmilch Einhalt gebieten konnte. Das war in Ordnung. Sie mögen so etwas dort unten. Die Nachbarn können nicht einschlafen, wenn nicht jemand hawaiianische Tänze über ihren Köpfen tanzt. Aber in der 57. Straße war die Atmosphäre nicht richtig, und als Motty um drei Uhr morgens mit einer Gruppe herzhafter Jungs auftauchte, die erst aufhörten, ihr College-Lied zu singen, als sie anfingen, „The Old Oaken Bucket" zu singen, war unter den alten Siedlern in den Wohnungen eine deutliche Verärgerung zu spüren. Die Leitung war beim Frühstück am Telefon äußerst knapp und musste sehr beschwichtigt werden.

Am nächsten Abend kam ich früh nach Hause, nach einem einsamen Abendessen an einem Ort, den ich gewählt hatte, weil ich keine Chance hatte, Motty dort zu treffen. Das Wohnzimmer war ganz dunkel, und ich wollte gerade das Licht anmachen, als es eine Art Explosion gab und etwas mein Hosenbein festhielt. Das Leben mit Motty hatte mich so sehr geschwächt, dass ich mit dieser Sache einfach nicht fertig wurde. Ich sprang mit einem lauten Schmerzensschrei nach hinten und stürzte in den Flur, gerade als Jeeves aus seinem Arbeitszimmer kam, um nachzusehen, was los war.

„Haben Sie angerufen, Sir?“

"Jeeves! Da ist etwas drin, das dich am Bein packt!"

„Das wäre Rollo, Sir.“

„Wie?“

„Ich hätte Sie vor seiner Anwesenheit gewarnt, aber ich habe Sie nicht hereinkommen hören. Sein Gemüt ist im Moment etwas unsicher, da er sich noch nicht beruhigt hat.“

„Wer zum Teufel ist Rollo?“

„Der Bullterrier seiner Lordschaft, Sir. Seine Lordschaft hat ihn bei einer Lotterie gewonnen und ihn an das Tischbein gebunden. Wenn Sie mir gestatten, Sir, gehe ich hinein und mache das Licht an.“

Es gibt wirklich niemanden wie Jeeves. Er lief ohne mit der Wimper zu zucken direkt ins Wohnzimmer, die größte Leistung seit Daniel und die Löwengrube. Außerdem war sein Magnetismus oder wie auch immer man das nennt so stark, dass das verdammte Tier ihn nicht am Bein festhielt, sondern sich beruhigte, als hätte es ein Bromid genommen, und sich auf den Rücken rollte, mit allen Pfoten in der Luft. Wäre Jeeves sein reicher Onkel gewesen, hätte er nicht kumpelhafter sein können . Doch als er mich wieder erblickte, wurde er ganz aufgeregt und schien nur noch einen Gedanken im Leben zu haben – mich dort zu kauen, wo er aufgehört hatte.

„Rollo ist noch nicht an Sie gewöhnt, Sir“, sagte Jeeves und betrachtete den lässigen Vierbeiner bewundernd. „Er ist ein ausgezeichneter Wachhund.“

„Ich möchte keinen Wachhund, der mich von meinen Zimmern fernhält.“

"Nein Sir."

„Also, was soll ich tun?“

„Zweifellos wird das Tier mit der Zeit lernen, zu unterscheiden, Sir. Es wird lernen, Ihren besonderen Geruch wahrzunehmen.“

„Was meinst du – mein eigenartiger Geruch? Korrigiere den Eindruck, dass ich vorhabe, im Flur herumzuhängen, während das Leben an mir vorüberzieht, in der Hoffnung, dass dieses verdammte Tier eines Tages beschließt, dass ich ganz gut rieche.“ Ich dachte kurz nach. „Jeeves!“

"Herr?"

„Ich fahre fort – morgen früh mit dem ersten Zug. Ich werde aufs Land fahren und bei Mr. Todd übernachten."

„Möchten Sie, dass ich Sie begleite, Sir?"

"NEIN."

"Sehr gut, Herr."

„Ich weiß nicht, wann ich zurückkomme. Schicken Sie mir meine Briefe weiter."

"Jawohl."

Tatsächlich war ich innerhalb einer Woche zurück. Rocky Todd, der Kumpel, bei dem ich übernachtete, ist ein schäbiger Kerl, der ganz allein in der Wildnis von Long Island lebt und es mag; aber ein bisschen von dieser Art reicht mir schon. Der gute alte Rocky ist einer der Besten, aber nach ein paar Tagen in seiner Hütte im Wald, meilenweit von allem entfernt, fing New York, selbst mit Motty dort, an, mir ziemlich gut auszusehen. Die Tage unten auf Long Island haben 48 Stunden; man kann nachts wegen des Gebrülls der Grillen nicht schlafen; und man muss zwei Meilen laufen, um etwas zu trinken, und sechs, um eine Abendzeitung zu lesen. Ich dankte Rocky für seine freundliche Gastfreundschaft und nahm den einzigen Zug, den es in dieser Gegend gibt. Er brachte mich gegen Abendzeit in New York an. Ich ging direkt in die alte Wohnung. Jeeves kam aus seinem Versteck. Ich sah mich vorsichtig nach Rollo um.

„Wo ist der Hund, Jeeves? Hast du ihn angebunden?"

„Das Tier ist nicht mehr hier, Sir. Seine Lordschaft hat es dem Pförtner übergeben, der es verkauft hat. Seine Lordschaft hegte Vorurteile gegen das Tier, weil es von ihm in die Wade gebissen wurde."

Ich glaube nicht, dass mich eine Neuigkeit jemals so aus der Fassung gebracht hat. Ich hatte das Gefühl, Rollo falsch eingeschätzt zu haben. Wenn man ihn besser kennenlernte, stellte man fest, dass er sehr intelligent war.

„Toll!", sagte ich. „Ist Lord Pershore da, Jeeves?"

"Nein Sir."

„Erwarten Sie ihn zum Abendessen zurück?"

"Nein Sir."

"Wo ist er?"

„Im Gefängnis, Sir."

Sind Sie schon einmal auf einen Rechen getreten und der Stiel ist hochgesprungen und hat Sie getroffen? So ging es mir damals.

"Im Gefängnis!"

"Jawohl."

„Sie meinen nicht – im Gefängnis?“

"Jawohl."

Ich ließ mich auf einem Stuhl nieder.

„Warum?“, sagte ich.

„Er hat einen Polizisten angegriffen, Sir.“

„Lord Pershore hat einen Polizisten angegriffen!“

"Jawohl."

Ich habe das verdaut.

„Aber, Jeeves, ich sage! Das ist furchtbar!“

"Herr?"

„Was wird Lady Malvern sagen, wenn sie es erfährt?“

„Ich glaube nicht, dass Ihre Ladyschaft es herausfinden wird, Sir.“

„Aber sie wird zurückkommen und wissen wollen, wo er ist.“

„Ich nehme an, Sir, dass Seiner Lordschaft bis dahin die verbleibende Zeit abgelaufen sein wird.“

„Aber angenommen, es ist nicht so?“

„In diesem Fall, Sir, wäre es vielleicht ratsam, ein wenig herumzudrucksen.“

"Wie?"

„Wenn ich den Vorschlag machen darf, Sir, sollte ich Ihrer Ladyschaft mitteilen, dass seine Lordschaft zu einem kurzen Besuch nach Boston aufgebrochen ist.“

„Warum Boston?“

„Sehr interessantes und respektables Zentrum , Sir.“

„Jeeves, ich glaube, du hast es getroffen.“

„Das glaube ich, Sir.“

„Das ist wirklich das Beste, was passieren konnte. Wenn das nicht passiert wäre, wäre der junge Motty in einem Sanatorium gewesen, bis Lady Malvern zurückkam."

„Genau, Sir."

Je länger ich es so betrachtete, desto vernünftiger erschien mir dieses Gefängnisgejammer. Es bestand kein Zweifel, dass das Gefängnis genau das war, was der Arzt Motty verordnet hatte. Es war das Einzige, was ihn hätte auf die Beine bringen können. Der arme Kerl tat mir leid, aber schließlich, so dachte ich, hätte ein Kerl , der sein ganzes Leben mit Lady Malvern in einem kleinen Dorf im Inneren von Shropshire verbracht hatte , in einem Gefängnis nicht viel zu tun. Alles in allem begann ich mich wieder absolut gestärkt zu fühlen. Das Leben wurde so, wie der Dichter Johnnie es beschreibt – ein einziges großes, süßes Lied. Ein paar Wochen lang ging alles so angenehm und friedlich weiter, dass ich, das kann ich Ihnen versichern, fast vergessen hatte, dass es eine Person wie Motty gab. Der einzige Makel in der Gesamtheit war, dass Jeeves immer noch gequält und distanziert war. Es lag nicht an irgendetwas, das er sagte oder tat, wohlgemerkt, aber er hatte die ganze Zeit etwas Eigenartiges an sich. Einmal, als ich die rosa Krawatte band, erblickte ich ihn im Spiegel. In seinen Augen lag ein irgendwie betrübter Ausdruck.

Und dann kam Lady Malvern zurück, ein gutes Stück früher als geplant. Ich hatte sie seit Tagen nicht mehr erwartet. Ich hatte vergessen, wie die Zeit verflogen war. Sie tauchte eines Morgens auf, als ich noch im Bett lag, Tee trank und über dies und jenes nachdachte. Jeeves kam herein und verkündete, dass er sie gerade ins Wohnzimmer entlassen hatte. Ich hüllte mich in ein paar Kleidungsstücke und ging hinein.

Da saß sie nun im selben Sessel und sah genauso massig aus wie immer. Der einzige Unterschied bestand darin, dass sie ihre Zähne nicht freilegte, wie sie es beim ersten Mal getan hatte.

„Guten Morgen", sagte ich. „Also, was bist du zurückgekommen?"

„Ich bin zurückgekommen."

Ihr Tonfall war irgendwie düster, als hätte sie einen Ostwind verschluckt. Ich nahm an, dass dies daran lag, dass sie wahrscheinlich nicht gefrühstückt hatte. Erst nach einem kleinen Frühstück kann ich die Welt mit jener heiteren Fröhlichkeit betrachten, die einen zum allgemeinen Liebling macht . Ich bin nie ein richtiger Junge, bis ich ein oder zwei Eier und eine Tasse Kaffee verschlungen habe.

„Ich nehme an, Sie haben noch nicht gefrühstückt?"

„Ich habe noch nicht gefrühstückt."

„Möchtest du kein Ei oder so ? Oder eine Wurst oder so? Oder so?“

"Nein danke."

Sie sprach, als ob sie einem Verein gegen Würstchen oder einer Liga zur Unterdrückung von Eiern angehörte. Es herrschte eine kurze Stille.

„Ich habe dich gestern Abend besucht“, sagte sie, „aber du warst nicht da.“

„Tut mir schrecklich leid! Hatten Sie eine angenehme Reise?“

„Sehr, vielen Dank.“

„Alles gesehen? Die Niagarafälle , den Yellowstone-Nationalpark und den tollen alten Grand Canyon und was nicht alles?“

„Ich habe viel gesehen.“

Wieder herrschte eine leicht *frappéartige* Stille. Jeeves schwebte leise ins Esszimmer und begann, den Frühstückstisch zu decken.

„Ich hoffe, Wilmot war Ihnen nicht im Weg, Mr. Wooster?“

Ich hatte mich gefragt, wann sie Motty erwähnen würde.

„Eher nicht! Tolle Freunde! Verstehen uns prächtig.“

„Sie waren also sein ständiger Begleiter?“

„Absolut! Wir waren immer zusammen. Wir haben uns alle Sehenswürdigkeiten angesehen, weißt du. Wir haben uns morgens das Kunstmuseum angesehen und in einem guten vegetarischen Restaurant ein wenig zu Mittag gegessen, sind dann nachmittags zu einem geistlichen Konzert getrottet und nach Hause zu einem frühen Abendessen gegangen. Normalerweise haben wir nach dem Abendessen Domino gespielt. Und dann sind wir früh ins Bett gegangen und haben erholsam geschlafen. Wir hatten eine tolle Zeit. Es hat mir furchtbar leidgetan, als er nach Boston ging.“

„Oh! Wilmot ist in Boston?“

„Ja. Ich hätte es dir sagen sollen, aber wir wussten natürlich nicht, wo du warst. Du bist überall herumgerannt wie eine Schnepfe – ich meine, weißt du, du bist überall herumgerannt, und wir konnten dich nicht erreichen. Ja, Motty ist nach Boston gegangen.“

„Sind Sie sicher, dass er nach Boston gefahren ist?“

„Oh, absolut.“ Ich rief Jeeves zu, der jetzt im Nebenzimmer mit Gabeln und so herumhantierte: „Jeeves, Lord Pershore hat seine Meinung über die Reise nach Boston doch nicht geändert, oder?“

"Nein Sir."

„Ich dachte, ich hätte recht. Ja, Motty ist nach Boston gegangen.“

Sie sich dann , Mr. Wooster, die Tatsache, dass ich, als ich gestern Nachmittag zum Gefängnis auf Blackwell's Island ging, um Material für mein Buch zu besorgen, dort den armen, lieben Wilmot sah, der in einen gestreiften Anzug gekleidet und mit einem Hammer in den Händen neben einem Steinhaufen saß?“

Ich versuchte, mir eine Antwort auszudenken, aber mir fiel nichts ein. Ein Kerl muss eine viel breitere Stirn haben als ich, um mit so einem Schock fertigzuwerden. Ich presste die alte Bohne so lange, bis sie knackte, aber zwischen Kragen und Haarscheitel regte sich nichts. Ich war stumm. Was ein Glück war, denn sonst hätte ich keine Chance gehabt, irgendwelche Persiflagen loszuwerden. Lady Malvern schnappte das Gespräch auf. Sie hatte es in sich hineingefressen, und jetzt brach es wie aus einem Guss hervor:

„So haben Sie sich also um meinen armen, lieben Jungen gekümmert, Mr. Wooster! So haben Sie also mein Vertrauen missbraucht! Ich habe ihn in Ihre Obhut gegeben und dachte, ich könnte mich darauf verlassen, dass Sie ihn vor dem Bösen beschützen. Er kam unschuldig zu Ihnen, unerfahren in den Gepflogenheiten der Welt, vertrauensselig, den Versuchungen einer Großstadt nicht gewachsen, und Sie haben ihn in die Irre geführt!“

Ich hatte keine Bemerkungen zu machen. Ich konnte nur an das Bild von Tante Agatha denken, die all das in sich aufnahm und dann die Axt gegen meine Rückkehr schärfte.

„Sie haben absichtlich …“

Weit weg in der nebligen Ferne sprach eine sanfte Stimme:

„Wenn ich das erklären dürfte, Euer Gnaden.“

Jeeves hatte sich aus dem Esszimmer hereinprojiziert und war auf dem Teppich erschienen. Lady Malvern versuchte, ihn mit einem Blick erstarren zu lassen, aber so etwas kann man Jeeves nicht antun. Er ist blickfest.

„Ich glaube, Euer Gnaden, Sie haben Mr. Wooster missverstanden und er hat Ihnen vielleicht den Eindruck vermittelt, er sei in New York gewesen, als Seine Lordschaft abgezogen wurde. Als Mr. Wooster Ihrer Ladyschaft mitteilte, dass Seine Lordschaft nach Boston gegangen sei, verließ er sich auf die Version, die ich ihm über die Bewegungen Seiner Lordschaft gegeben hatte. Mr. Wooster war zu dieser Zeit weg, um einen Freund auf dem Land zu besuchen, und wusste nichts von der Angelegenheit, bis Ihre Ladyschaft ihn informierte.“

Lady Malvern gab eine Art Grunzen von sich. Jeeves war davon nicht beunruhigt.

„Ich fürchtete, Mr. Wooster könnte beunruhigt sein, wenn er die Wahrheit wüsste, da er seiner Lordschaft so sehr zugetan ist und sich so viel Mühe gegeben hat, um ihn zu kümmern. Deshalb nahm ich mir die Freiheit, ihm zu sagen, dass seine Lordschaft zu Besuch weggefahren war. Es mag für Mr. Wooster schwer gewesen sein zu glauben, dass seine Lordschaft freiwillig und aus den besten Absichten ins Gefängnis gegangen war, aber Ihre Ladyschaft, die ihn besser kennt, wird das ohne weiteres verstehen.“

„Was?“ Lady Malvern starrte ihn an. „Haben Sie gesagt, dass Lord Pershore freiwillig ins Gefängnis gegangen ist?“

„Wenn ich das erklären dürfte, Euer Gnaden. Ich glaube, dass die Abschiedsworte Euer Gnaden einen tiefen Eindruck auf Seine Lordschaft gemacht haben. Ich habe ihn oft mit Mr. Wooster über seinen Wunsch sprechen hören, etwas zu tun, um den Anweisungen Eurer Gnaden zu folgen und Material für Euer Gnaden Buch über Amerika zu sammeln. Mr. Wooster wird mir Recht geben, wenn ich sage, dass Seine Lordschaft oft sehr deprimiert war bei dem Gedanken, dass er so wenig tat, um zu helfen.“

„Absolut, bei Gott! Ganz schön sauer darüber!“, sagte ich.

„Die Idee, das Gefängnissystem des Landes persönlich zu untersuchen – von innen – kam Seiner Lordschaft eines Nachts ganz plötzlich. Er war begeistert davon. Er war nicht mehr zurückzuhalten.“

Lady Malvern sah Jeeves an, dann mich, dann wieder Jeeves. Ich konnte sehen, wie sie mit der Sache kämpfte.

„Eure Ladyschaft“, sagte Jeeves, „ist es doch sicherlich vernünftiger anzunehmen, dass ein Gentleman mit dem Charakter seiner Lordschaft freiwillig ins Gefängnis ging, als dass er einen Gesetzesbruch begangen hat, der seine Verhaftung erforderlich machte?“

Lady Malvern blinzelte. Dann stand sie auf.

„Mr. Wooster“, sagte sie, „ich entschuldige mich. Ich habe Ihnen Unrecht getan. Ich hätte Wilmot besser kennen sollen. Ich hätte mehr Vertrauen in seinen reinen, edlen Geist haben sollen.“

„Auf jeden Fall!“, sagte ich.

„Ihr Frühstück ist fertig, Sir“, sagte Jeeves.

Ich setzte mich hin und spielte irgendwie benommen mit einem pochierten Ei.

„Jeeves“, sagte ich, „du bist wirklich ein Lebensretter!“

"Danke mein Herr."

„Nichts hätte meine Tante Agatha davon überzeugen können, dass ich diesen Kerl nicht zu einem ausschweifenden Leben verleitet hätte.“

„Ich glaube, Sie haben Recht, Sir.“

Ich kaute ein wenig auf meinem Ei herum. Ich war zutiefst gerührt, wissen Sie, wie Jeeves sich zusammengerissen hatte. Irgendetwas schien mir zu sagen, dass dies eine Gelegenheit war, die nach einer reichen Belohnung verlangte. Einen Moment lang zögerte ich. Dann fasste ich einen Entschluss.

„Jeeves!“

"Herr?"

„Diese rosa Krawatte!“

"Jawohl?"

„Verbrenn es!“

"Danke mein Herr."

„Und, Jeeves!“

"Jawohl?"

„Nehmen Sie ein Taxi und besorgen Sie mir den Longacre-Hut, wie ihn John Drew trug!“

"Vielen Dank, mein Herr."

Ich fühlte mich schrecklich gestärkt. Mir kam es vor, als ob die Wolken sich verzogen hätten und alles wieder so wäre wie vorher. Ich fühlte mich wie einer dieser Typen aus den Romanen, der im letzten Kapitel den Streit mit seiner Frau abbricht und beschließt, zu vergessen und zu vergeben. Ich wollte noch alles Mögliche tun, um Jeeves zu zeigen, dass ich ihn schätzte.

„Jeeves“, sagte ich, „das reicht nicht. Möchtest du sonst noch etwas?“

„Ja, Sir. Wenn ich vorschlagen darf – fünfzig Dollar.“

"Fünfzig Dollar?"

Ehrenschuld begleichen , Sir. Ich schulde sie Seiner Lordschaft.“

„Sie schulden Lord Pershore fünfzig Dollar?“

„Ja, Sir. Ich traf ihn zufällig in der Nacht, als seine Lordschaft verhaftet wurde, auf der Straße. Ich hatte lange darüber nachgedacht, wie ich ihn am besten dazu bringen könnte, seinen Lebensstil aufzugeben, Sir. Seine Lordschaft war damals etwas zu aufgeregt und ich glaube, er hielt mich für einen seiner Freunde. Als ich mir jedenfalls die Freiheit nahm, mit ihm um fünfzig Dollar zu wetten, dass er einem vorbeigehenden Polizisten nicht aufs Auge schlagen würde, nahm er die Wette sehr herzlich an und gewann.“

Ich holte mein Portemonnaie hervor und zählte hundert ab.

„Nimm das, Jeeves“, sagte ich, „fünfzig sind nicht genug. Weißt du, Jeeves, du bist – nun ja, du stehst absolut allein da!“

„Ich bemühe mich, Sie zufriedenzustellen, Sir“, sagte Jeeves.

JEEVES UND DAS HARTGEKOCHTE EI

Manchmal morgens, wenn ich im Bett saß, meine Tasse Tee trank und meinem Diener Jeeves dabei zusah, wie er durch das Zimmer flitzte und die Kleidung für den Tag herausholte, fragte ich mich, was zum Teufel ich tun sollte, wenn der Kerl jemals auf die Idee käme, mich zu verlassen. Jetzt, wo ich in New York bin, ist es nicht mehr so schlimm, aber in London war die Angst furchtbar. Früher gab es allerlei Versuche von niederträchtigen Kerlen, ihn mir wegzuschmuggeln. Der junge Reggie Foljambe bot ihm meines Wissens das Doppelte von dem, was ich ihm gab, und Alistair Bingham-Reeves, dessen Diener dafür bekannt war, seine Hosen seitlich zu bügeln, sah ihn, wenn er mich besuchte, mit einer Art glitzerndem, hungrigem Blick an, der mich verdammt beunruhigte. Verdammte Piraten!

Die Sache ist, dass Jeeves so verdammt kompetent ist. Das erkennt man sogar daran, wie er Nieten in ein Hemd stopft.

Ich verlasse mich in jeder Krise absolut auf ihn, und er lässt mich nie im Stich. Und außerdem kann ich mich immer darauf verlassen, dass er sich für jeden meiner Freunde einsetzt, der allem Anschein nach gerade knietief in der Patsche steckt. Nehmen wir zum Beispiel den ziemlich komischen Fall des guten alten Bicky und seines Onkels, des hartgekochten Eies.

Es geschah, nachdem ich einige Monate in Amerika gewesen war. Ich kam eines Abends spät in die Wohnung zurück, und als Jeeves mir den letzten Drink brachte, sagte er:

„Mr. Bickersteth hat Sie heute Abend besucht, Sir, während Sie unterwegs waren.“

„Oh?“, sagte ich.

„Zweimal, Sir. Er wirkte ein wenig aufgeregt.“

„Was, geschnappt?“

„Diesen Eindruck hat er erweckt, Sir.“

Ich nippte an dem Whisky. Es tat mir leid, wenn Bicky in Schwierigkeiten war, aber eigentlich war ich ziemlich froh, dass ich gerade jetzt etwas hatte, über das ich frei mit Jeeves reden konnte, denn die Dinge zwischen uns waren schon seit einiger Zeit etwas angespannt, und es war ziemlich schwierig gewesen, ein Gesprächsthema zu finden, das nicht eine persönliche Wendung nehmen würde. Ich hatte nämlich beschlossen – ob richtig oder falsch –, mir einen Schnurrbart wachsen zu lassen, und das hatte Jeeves tief getroffen. Er konnte die Sache um keinen Preis durchhalten, und ich lebte seitdem in einer Atmosphäre der absoluten Missbilligung, bis ich es ziemlich satt hatte. Was ich meine, ist, dass es zwar keinen Zweifel daran gibt, dass Jeeves' Urteil in bestimmten Kleidungsfragen absolut richtig ist und man ihm folgen sollte, aber es schien mir, dass es ein bisschen zu dick aufgetragen wurde, wenn er mein Gesicht ebenso wie mein Kostüm bearbeiten wollte. Niemand kann mich einen unvernünftigen Kerl nennen , und schon oft habe ich wie ein Lamm nachgegeben, wenn Jeeves gegen einen meiner Lieblingsanzüge oder eine meiner Lieblingskrawatten gestimmt hat ; aber wenn ein Diener ein Patent auf Ihre Oberlippe anmeldet, müssen Sie einfach ein bisschen den guten alten Mut eines Bulldoggen beweisen und dem Kerl die Stirn bieten.

„Er sagte, er würde später noch einmal anrufen, Sir."

„Da muss etwas im Gange sein, Jeeves."

"Jawohl."

Ich zwirbelte nachdenklich den Schnurrbart. Es schien Jeeves ziemlich wehzutun, also warf ich ihn weg.

„Ich sehe aus der Zeitung, Sir, dass Mr. Bickersteths Onkel mit der *Carmantic* *ankommt* ."

"Ja?"

„Seine Exzellenz der Herzog von Chiswick , Sir."

Bickys Onkel ein Herzog war , war mir neu . Wie wenig weiß man doch über seine Freunde! Ich hatte Bicky zum ersten Mal bei einer Art Beano oder Jamboree unten am Washington Square getroffen, nicht lange nach meiner Ankunft in New York. Ich schätze, ich hatte damals ein bisschen Heimweh, und als ich herausfand, dass er Engländer war und tatsächlich mit mir in Oxford gewesen war, war ich Bicky ziemlich ans Herz gewachsen . Außerdem war er ein furchtbarer Trottel, also kamen wir ganz natürlich zusammen; und während wir in einer Ecke, die nicht mit Künstlern und Bildhauern und so vollgestopft war, leise schnaubten, machte er sich bei mir außerdem beliebt, indem er einen Bullterrier nachahmte, der eine Katze auf einen Baum jagt. Aber obwohl wir später sehr gute Freunde geworden waren, wusste ich eigentlich nur, dass er im Allgemeinen knapp bei Kasse war und einen Onkel hatte, der die Belastung von Zeit zu Zeit ein wenig linderte, indem er ihm monatlich Geld schickte.

„Wenn der Herzog von Chiswick sein Onkel ist", sagte ich, „warum hat er dann keinen Titel? Warum ist er nicht Lord Wasauchimmer?"

„Mr. Bickersteth ist der Sohn der verstorbenen Schwester seiner Gnaden, Sir, die Captain Rollo Bickersteth von den Coldstream Guards heiratete."

Jeeves weiß alles.

„Ist Mr. Bickersteths Vater auch tot?“

"Jawohl."

„Ist noch Geld übrig geblieben?“

"Nein Sir."

Ich begann zu verstehen, warum der arme alte Bicky immer mehr oder weniger am Ende war. Für den beiläufigen und unreflektierten Beobachter, wenn Sie wissen, was ich meine, mag es ziemlich gut klingen, einen Herzog zum Onkel zu haben, aber das Problem mit dem alten Chiswick war, dass er, obwohl er ein extrem reicher alter Bursche war, dem halb London und etwa fünf Grafschaften im Norden gehörten, bekanntermaßen der umsichtigste Geldverschwender Englands war. Er war das, was amerikanische Kerle ein hartgekochtes Ei nennen würden. Wenn Bickys Leute ihm nichts hinterlassen hatten und er davon abhängig war, was er dem alten Herzog entlocken konnte , war er ziemlich schlecht dran. Das erklärte allerdings nicht, warum er mich so verfolgte, denn er war ein Kerl, der sich nie Geld lieh. Er sagte, er wolle seine Freunde behalten, also biss er aus Prinzip niemandem ins Ohr.

In diesem Moment klingelte es an der Tür . Jeeves schwebte heraus, um zu öffnen.

„Ja, Sir. Mr. Wooster ist gerade zurückgekommen“, hörte ich ihn sagen. Und Bicky kam hereingetröpfelt und sah ziemlich mitgenommen aus.

„ Hallo , Bicky !“, sagte ich. „Jeeves hat mir erzählt, dass du versucht hast, mich zu kriegen. Jeeves, bring noch ein Glas und lasst das Fest beginnen. Was ist los, Bicky ?“

„Ich stecke in einer Zwickmühle, Bertie. Ich brauche deinen Rat.“

„Erzähl weiter, alter Junge!“

„Mein Onkel kommt morgen, Bertie.“

„Das hat Jeeves mir erzählt.“

„Der Herzog von Chiswick , wissen Sie.“

„Das hat Jeeves mir erzählt.“

Bicky schien ein wenig überrascht zu sein.

„Jeeves scheint alles zu wissen.“

„Ziemlich rumpelig , genau das habe ich mir gerade auch gedacht.“

„Na ja“, sagte Bicky düster, „ich wünschte, er wüsste einen Weg, mich aus dem Loch herauszuholen, in dem ich stecke.“

Jeeves schimmerte mit dem Glas herein und stellte es gekonnt auf den Tisch.

„Mr. Bickersteth steckt in einer ziemlichen Klemme, Jeeves", sagte ich, „und möchte, dass Sie sich zusammenreißen."

"Sehr gut, Herr."

Bicky sah etwas zweifelnd aus.

„Natürlich, Bertie, du weißt, diese Sache dient dazu, ein bisschen privat zu bleiben und so."

„Darüber sollte ich mir keine Sorgen machen, alter Knirps. Ich wette, Jeeves weiß bereits alles darüber. Nicht wahr, Jeeves?"

"Jawohl."

„Eh!", sagte Bicky verunsichert.

„Ich bin offen für Korrekturen, Sir, aber liegt Ihr Dilemma nicht darin, dass Sie Seiner Gnaden nicht erklären können, warum Sie in New York und nicht in Colorado sind?"

Bicky schaukelte wie Wackelpudding im starken Wind.

„Woher zum Teufel wissen Sie etwas davon?"

„Ich traf zufällig den Butler seiner Gnaden, bevor wir England verließen. Er teilte mir mit, dass er zufällig belauscht habe, wie Seine Gnaden mit Ihnen über diese Angelegenheit sprach, Sir, als er an der Tür der Bibliothek vorbeikam."

Bicky lachte hohl.

„Nun, da anscheinend jeder alles darüber weiß, besteht kein Grund, es geheim zu halten. Der alte Junge hat mich rausgeschmissen, Bertie, weil er sagte, ich sei ein hirnloser Trottel. Die Idee war, dass er mir Geld überweisen würde, unter der Bedingung, dass ich in irgendeine verkommene Gegend namens Colorado fahre und Landwirtschaft oder Viehzucht oder wie auch immer sie das nennen auf irgendeiner tollen Ranch oder Farm oder wie auch immer sie das nennen lerne. Ich war von der Idee überhaupt nicht begeistert. Ich hätte reiten und Kühe jagen müssen und so weiter. Ich hasse Pferde. Sie beißen einen. Ich war absolut gegen den Plan. Gleichzeitig, wissen Sie, musste ich das Geld haben."

„Ich verstehe dich vollkommen, mein Junge."

„Als ich nach New York kam, fand ich es ein anständiges Plätzchen, also dachte ich, es wäre eine ziemlich gute Idee, hier zu bleiben. Also telegrafierte ich meinem Onkel, dass ich in der Stadt auf ein gutes Geschäft gestoßen sei und die Ranch-Idee aufgeben wolle. Er schrieb zurück, dass alles in Ordnung sei, und seitdem bin ich hier. Er meint, ich mache hier irgendetwas richtig. Ich hätte nie geglaubt, dass er jemals hierherkommen würde. Was um Himmels Willen soll ich tun?“

„Jeeves“, sagte ich, „was in aller Welt soll Mr. Bickersteth tun?“

„Sehen Sie“, sagte Bicky , „ich habe per Funk von ihm erfahren, dass er zu mir kommen würde – vermutlich, um Hotelrechnungen zu sparen. Ich habe ihm immer den Eindruck vermittelt, dass ich ein ziemlich luxuriöses Leben führe. Ich kann ihn nicht in meiner Pension unterbringen.“

„Ist Ihnen etwas eingefallen, Jeeves?“, sagte ich.

„Wenn es sich nicht um eine heikle Frage handelt, Sir, in welchem Umfang sind Sie bereit, Herrn Bickersteth zu unterstützen?“

„Ich werde natürlich alles für dich tun, was ich kann, Bicky , alter Mann.“

„Dann, wenn ich Ihnen den Vorschlag machen darf, Sir, könnten Sie Mr. Bickersteth leihen –“

„Nein, beim Himmel!“, sagte Bicky fest. „Ich habe dich nie berührt, Bertie, und ich werde jetzt auch nicht damit anfangen. Ich bin vielleicht ein Trottel, aber ich rühme mich damit, dass ich keiner Menschenseele einen Penny schulde – Handwerker natürlich nicht mitgerechnet.“

„Ich wollte gerade vorschlagen, Sir, dass Sie Mr. Bickersteth diese Wohnung leihen könnten. Mr. Bickersteth könnte Seiner Gnaden den Eindruck vermitteln, dass sie ihm gehört. Mit Ihrer Erlaubnis könnte ich den Eindruck vermitteln, dass ich in Mr. Bickersteths Diensten stehe und nicht in Ihren. Sie würden hier vorübergehend als Mr. Bickersteths Gast wohnen. Seine Gnaden würde das zweite Gästezimmer belegen. Ich denke, Sie werden mit dieser Lösung zufrieden sein, Sir.“

Bicky hatte aufgehört, sich hin und her zu schaukeln und starrte Jeeves mit Ehrfurcht an.

„Ich würde vorschlagen, dass Sie seiner Eminenz an Bord des Schiffes eine Funknachricht schicken und ihn über die Adressänderung informieren. Mr. Bickersteth könnte seine Eminenz am Dock treffen und direkt hierher weiterreisen. Ist das der Situation angemessen, Sir?“

"Absolut."

"Danke mein Herr."

Bicky folgte ihm mit dem Blick, bis sich die Tür schloss.

„Wie macht er das, Bertie?", sagte er. „Ich sage dir, was ich glaube. Ich glaube, es hat etwas mit der Form seines Kopfes zu tun. Ist dir sein Kopf schon mal aufgefallen, Bertie, alter Mann? Er steht hinten irgendwie ab!"

Am nächsten Morgen sprang ich früh aus dem Bett, um unter denen zu sein, die da waren, wenn der alte Junge ankam. Ich wusste aus Erfahrung, dass diese Ozeandampfer zu einer verdammt unchristlichen Zeit am Dock anlegen. Es war kurz nach neun, als ich mich angezogen und meinen Morgentee getrunken hatte und aus dem Fenster lehnte und die Straße nach Bicky und seinem Onkel absuchte. Es war einer dieser fröhlichen, friedlichen Morgen, an denen sich ein Kerl wünscht, er hätte eine Seele oder so etwas, und ich grübelte gerade über das Leben im Allgemeinen, als mir bewusst wurde, dass da unten ein verdammter Sturm im Gange war. Ein Taxi war vorgefahren, und ein alter Junge mit Zylinder war ausgestiegen und machte einen fürchterlichen Krawall wegen des Fahrpreises. Soweit ich es erkennen konnte, versuchte er, den Taxifahrer dazu zu bringen, von New Yorker auf Londoner Preise umzusteigen, und der Taxifahrer hatte anscheinend noch nie von London gehört und schien sich jetzt nicht viel dabei zu denken. Der alte Junge sagte, in London hätte ihn die Fahrt acht Pence gekostet , und der Taxifahrer meinte, er solle sich keine Sorgen machen. Ich rief Jeeves an.

„Der Herzog ist angekommen, Jeeves."

"Jawohl?"

„Das ist er jetzt an der Tür."

Jeeves machte eine lange Bewegung und öffnete die Haustür, und der alte Junge kroch hinein, er sah aus, als wäre er bis auf den letzten Splitter zerleckt.

„Wie geht es Ihnen, Sir?", fragte ich, eilte herbei und war der Sonnenschein. „Ihr Neffe ist zum Dock gegangen, um Sie abzuholen, aber Sie müssen ihn verpasst haben. Mein Name ist Wooster, wissen Sie. Ein toller Kumpel von Bicky und so. Ich wohne bei ihm, wissen Sie. Möchten Sie eine Tasse Tee? Jeeves, bringen Sie eine Tasse Tee."

Der alte Chiswick war in einen Sessel gesunken und sah sich im Zimmer um.

„Gehört diese Luxuswohnung meinem Neffen Francis?"

"Absolut."

„Das muss furchtbar teuer sein."

„Natürlich ziemlich gut. Hier kostet alles viel Geld, weißt du."

Er stöhnte. Jeeves kam mit dem Tee herein. Der alte Chiswick nippte daran, um seine Taschentücher wieder aufzufüllen, und nickte.

„Ein schreckliches Land, Mr. Wooster! Ein schreckliches Land! Fast acht Schilling für eine kurze Taxifahrt! Ungerecht!" Er sah sich noch einmal im Zimmer um. Es schien ihn zu faszinieren. „Haben Sie eine Ahnung, wie viel mein Neffe für diese Wohnung zahlt, Mr. Wooster?"

„Etwa zweihundert Dollar im Monat, glaube ich."

„Was? Vierzig Pfund im Monat!"

Ich begann zu begreifen, dass der Plan ein Reinfall werden könnte, wenn ich die Sache nicht ein bisschen plausibler machte. Ich konnte mir denken, was der alte Junge dachte. Er versuchte, all diesen Wohlstand mit dem in Einklang zu bringen, was er über den armen alten Bicky wusste . Und man musste zugeben, dass das eine Menge Mühe kostete, denn der gute alte Bicky war zwar ein kräftiger Kerl und absolut konkurrenzlos im Nachahmen von Bullterriern und Katzen, aber in vielerlei Hinsicht einer der ausgeprägtesten Dummköpfe, die je Herrenunterwäsche angezogen hatten.

„Ich nehme an, das kommt Ihnen komisch vor", sagte ich, „aber Tatsache ist, dass New York die Jungs oft aufmuntert und sie zu einer Geschwindigkeit animieren lässt, die Sie ihnen nicht zugetraut hätten. Es entwickelt sie irgendwie weiter. Es liegt etwas in der Luft, wissen Sie . Ich kann mir vorstellen, dass Bicky früher, als Sie ihn kannten, ein ziemlicher Trottel war, aber jetzt ist das ganz anders. Ein teuflisch effizienter Kerl , der in Geschäftskreisen als richtiger Vollidiot angesehen wird!"

„Ich bin erstaunt! Was ist die Natur des Geschäfts meines Neffen, Mr. Wooster?"

„Oh, nur geschäftlich, weißt du. Dasselbe, was Carnegie und Rockefeller und all diese Typen machen, weißt du." Ich schlüpfte zur Tür. „Tut mir schrecklich leid, dich allein zu lassen, aber ich muss mich woanders mit ein paar Jungs treffen."

Als ich aus dem Aufzug kam, traf ich Bicky, die eilig von der Straße hereinkam.

„ Hallo , Bertie! Ich habe ihn vermisst. Ist er aufgetaucht?"

„Er ist jetzt oben und trinkt Tee."

„Was hält er von all dem?"

„Er ist völlig verunsichert."

„Toll! Dann mach ich mich mal auf den Weg. Tschüss , Bertie, alter Mann. Bis später."

„Pip-pip, Bicky , mein Junge."

Er trabte voller Fröhlichkeit und guter Laune davon, und ich ging in den Club, um am Fenster zu sitzen und den Verkehr zu beobachten, der von einer Seite herauf- und von der anderen herunterfuhr.

Es war schon spät am Abend, als ich in die Wohnung kam, um mich für das Abendessen umzuziehen.

„Wo sind alle, Jeeves?", fragte ich, als ich keine kleinen Füße hörte, die durch die Gegend liefen. „Ausgegangen?"

„Seine Exzellenz wollte einige der Sehenswürdigkeiten der Stadt besichtigen, Sir. Mr. Bickersteth fungiert als sein Begleiter. Ich nehme an, ihr unmittelbares Ziel war Grants Grab."

„Ich nehme an, Mr. Bickersteth ist ein wenig verunsichert angesichts der Entwicklung der Dinge – was?"

"Herr?"

„Ich nehme an, dass Mr. Bickersteth ziemlich gesprächig ist."

„Nicht ganz, Sir."

„Was ist jetzt sein Problem?"

„Der Plan, den ich mir erlaubte, Mr. Bickersteth und Ihnen vorzuschlagen, hat leider nicht ganz zufriedenstellend funktioniert, Sir."

„Der Herzog glaubt doch sicher, dass Mr. Bickersteth geschäftlich erfolgreich ist und dergleichen?"

„Ganz genau, Sir. Mit dem Ergebnis, dass er beschlossen hat, Mr. Bickersteths monatliche Zuwendung zu streichen, mit der Begründung, dass Mr. Bickersteth, da er auf eigene Rechnung so gut zurechtkommt, keine finanzielle Unterstützung mehr benötigt."

„Großer Schotte, Jeeves! Das ist furchtbar."

„Etwas beunruhigend, Sir."

„So etwas hätte ich nie erwartet!"

„Ich muss gestehen, dass ich selbst mit diesem Ereignis kaum gerechnet habe, Sir."

„Ich nehme an, es hat den armen Kerl völlig umgehauen?"

„Mr. Bickersteth schien etwas verblüfft, Sir."

Mir hat das Herz für Bicky geblutet .

„Wir müssen etwas tun, Jeeves."

"Jawohl."

„Fällt Ihnen etwas ein?"

„Im Moment nicht, Sir."

„Es muss etwas geben, was wir tun können."

„Es war eine Maxime eines meiner früheren Arbeitgeber, Sir – ich glaube, ich habe es Ihnen gegenüber schon einmal erwähnt – des jetzigen Lord Bridgnorth , dass es immer einen Weg gibt. Ich erinnere mich, dass Seine Lordschaft diesen Ausdruck einmal verwendete – er war damals ein Geschäftsmann und hatte seinen Titel noch nicht erhalten –, als ein patentiertes Haarwuchsmittel, für das er zufällig Werbung machte, beim Publikum keinen Anklang fand. Er brachte es unter einem anderen Namen als Enthaarungsmittel auf den Markt und häufte ein beträchtliches Vermögen an. Ich habe festgestellt, dass der Aphorismus Seiner Lordschaft im Allgemeinen auf soliden Grundlagen beruht. Zweifellos werden wir in der Lage sein, eine Lösung für Mr. Bickersteths Problem zu finden, Sir."

„Na, dann versuch es doch, Jeeves!"

„Ich werde keine Mühe scheuen, Sir."

Ich ging und zog mich traurig an. Es wird Ihnen ziemlich gut zeigen, wie enttäuscht ich war, wenn ich Ihnen sage, dass ich fast wie ein Angeber eine weiße Krawatte mit einem Smoking anzog. Ich machte mich auf den Weg, um etwas zu essen, mehr um mir die Zeit zu vertreiben, als weil ich Lust darauf hatte. Es kam mir brutal vor, mich in die Speisekarte zu stürzen, während die arme alte Bicky auf die Brotschlange zusteuerte.

Als ich zurückkam, war der alte Chiswick zu Bett gegangen, aber Bicky war da, zusammengekauert in einem Sessel, ziemlich angespannt grübelnd, mit einer Zigarette im Mundwinkel und einem mehr oder weniger glasigen Blick in den Augen. Er sah aus, als wäre er mit etwas, was die Zeitungsleute „irgendein stumpfes Instrument" nennen, durchnässt worden .

„Das ist aber ein bisschen dick, altes Ding – was!", sagte ich.

Er nahm sein Glas und trank es fieberhaft aus, wobei er die Tatsache übersah, dass nichts darin war.

„Ich bin fertig, Bertie!", sagte er.

Er versuchte es noch einmal mit dem Glas. Es schien ihm nichts zu nützen.

„Wenn das nur eine Woche später passiert wäre, Bertie! Mein Geld für den nächsten Monat sollte am Samstag kommen. Ich hätte mir einen Trick einfallen lassen können, von dem ich in den Anzeigen in den Zeitschriften gelesen habe. Es scheint, dass man verdammt viel Geld verdienen kann, wenn man nur ein paar Dollar zusammenbekommt und eine Hühnerfarm gründet. Ein ganz guter Plan, Bertie! Nehmen wir an, Sie kaufen ein Huhn – nennen wir es der Argumentation halber ein Huhn. Es legt jeden Tag der Woche ein Ei. Sie verkaufen sieben Eier für fünfundzwanzig Cent. Das Halten eines Huhns kostet nichts. Sie machen praktisch fünfundzwanzig Cent Gewinn pro sieben Eiern. Oder sehen Sie es anders: Angenommen, Sie haben ein Dutzend Hühner. Jedes Huhn hat ein Dutzend Küken. Die Küken werden groß und bekommen mehr Küken. Nun, in kürzester Zeit wäre das ganze Haus knietief mit Hühnern bedeckt, die alle Eier legen, und das für fünfundzwanzig Cent pro sieben. Sie würden ein Vermögen machen. Und es ist ein tolles Leben, Hühner zu halten!" Der Gedanke daran hatte ihn schon ziemlich aufgeregt, aber jetzt ließ er sich mit ziemlicher Niedergeschlagenheit in seinem Stuhl zurücksinken. „Aber natürlich nützt das nichts", sagte er, „denn ich habe nicht das nötige Bargeld."

„Du brauchst nur ein Wort zu sagen, weißt du, Bicky , alter Knirps."

„Vielen Dank, Bertie, aber ich werde dich nicht ausnutzen."

So ist es immer in dieser Welt. Die Kerle , denen man gern Geld leihen würde, lassen es nicht , während die Kerle, denen man es nicht leihen möchte, alles tun, außer einen tatsächlich auf den Kopf zu stellen und einem das Geld aus der Tasche zu ziehen. Als Junge, der sich immer einigermaßen frei im richtigen Zeug bewegt hat, habe ich viel Erfahrung mit der zweiten Klasse. Oft bin ich in London die Piccadilly entlanggeeilt und habe den heißen Atem des Anfassers in meinem Nacken gespürt und sein scharfes, aufgeregtes Kläffen gehört, als er sich mir näherte. Ich habe mein Leben einfach damit verbracht, Großzügigkeit an Kerle zu verteilen, die mir egal waren; und jetzt stand ich hier, tropfte vor Dublonen und Achtermünzen und sehnte mich danach, sie auszuhändigen, und Bicky , der arme Kerl, war völlig aufgedreht und nahm um keinen Preis etwas davon an.

„Nun, dann gibt es nur eine Hoffnung."

"Was ist das?"

„Jeeves."

"Herr?"

Da stand Jeeves voller Eifer hinter mir. In Sachen In-die-Räume-schimmern ist der Kerl bis zu einem gewissen Grad ein Einfaltspinsel. Man sitzt in dem alten Sessel, denkt über dies und das nach, und dann plötzlich schaut man auf, und da ist er. Er bewegt sich von Punkt zu Punkt mit so wenig Aufruhr wie eine Qualle. Das Ding erschreckte den armen alten Bicky beträchtlich. Er erhob sich von seinem Sitz wie ein steil aufschießender Fasan. Ich bin jetzt an Jeeves gewöhnt, aber in den Tagen, als er zum ersten Mal zu mir kam, habe ich mir oft auf die Zunge gebissen, als ich ihn unerwartet in meiner Mitte fand.

„Haben Sie angerufen, Sir?"

„Oh, da bist du ja, Jeeves!"

„Genau, Sir."

„Jeeves, Mr. Bickersteth ist immer noch auf der Stange. Irgendwelche Ideen?"

„Aber ja, Sir. Seit unserem letzten Gespräch glaube ich, dass ich eine Lösung gefunden habe. Ich möchte nicht den Eindruck erwecken, als würde ich mir eine Freiheit herausnehmen, Sir, aber ich glaube, wir haben die Möglichkeiten Seiner Gnaden als Einnahmequelle übersehen."

Bicky lachte. Manchmal wurde sein Lachen als hohles, spöttisches Lachen beschrieben, eine Art bitteres Gackern aus dem Rachen, eher wie ein Gurgeln.

„Ich spiele nicht auf die Möglichkeit an, Sir", erklärte Jeeves, „seine Gnaden dazu zu bewegen, Geld auszugeben. Ich nehme mir die Freiheit, Seine Gnaden im Lichte eines derzeit – wenn ich das sagen darf – nutzlosen Vermögens zu betrachten, das aber verwertbar ist."

Bicky sah mich hilflos an. Ich muss gestehen, dass ich es selbst nicht verstanden habe.

„Könntest du es nicht etwas einfacher machen, Jeeves! "

„Kurz gesagt, Sir, was ich meine, ist Folgendes: Seine Gnaden ist in gewissem Sinne eine prominente Persönlichkeit. Die Einwohner dieses Landes, wie Ihnen zweifellos bekannt ist, Sir, sind besonders darauf versessen, prominenten Persönlichkeiten die Hand zu schütteln. Mir ist eingefallen, dass Mr. Bickersteth oder Sie selbst vielleicht Personen kennen, die bereit wären, eine kleine Gebühr – sagen wir zwei oder drei Dollar – für das Privileg einer Vorstellung bei Seiner Gnaden, inklusive Händedruck, zu bezahlen."

Bicky schien sich nicht viel dabei zu denken.

„Wollen Sie damit sagen, dass irgendjemand so dumm wäre, eine Menge Bargeld auszugeben, nur um meinem Onkel die Hand zu schütteln?"

„Ich habe eine Tante, Sir, die einem jungen Mann fünf Schilling zahlte, weil er eines Sonntags einen Filmschauspieler zum Tee zu sich nach Hause einlud. Das verschaffte ihr ein höheres Ansehen bei den Nachbarn ."

Bicky schwankte.

„Wenn Sie meinen, dass es möglich wäre "

„Ich bin davon überzeugt, Sir."

„Was denkst du, Bertie?"

„Ich bin dafür, alter Junge, absolut. Ein sehr kluger Einfall."

„Danke, Sir. Gibt es noch etwas? Gute Nacht, Sir."

Und er schwebte hinaus und ließ uns allein, um die Einzelheiten zu besprechen.

Bevor wir dieses Geschäft mit der Ausgabe des alten Chiswick als lukratives Geschäft begannen, war mir nie klar, was für einen üblen Job diese Börsenjungen haben müssen, wenn die Öffentlichkeit nicht bereitwillig zubeißt. Heute lese ich mit Sympathie den Teil, den sie in die Finanzberichte schreiben, in dem es heißt: „Der Markt hat ruhig eröffnet", denn, bei Gott, für uns hat er wirklich ruhig eröffnet! Sie werden kaum glauben, wie schwierig es war, das Interesse der Öffentlichkeit zu wecken und sie dazu zu bringen, auf den alten Knaben zu setzen. Am Ende der Woche war der einzige Name, den wir auf unserer Liste hatten, der eines Feinkosthändlers in Bickys Stadtteil, und da er wollte, dass wir das Geld in geschnittenem Schinken statt in bar abheben, half das nicht viel. Es gab einen Lichtblick, als der Bruder von Bickys Pfandleiher zehn Dollar Anzahlung für eine Einführung in das alte Chiswick bot , aber das Geschäft platzte, weil sich herausstellte, dass der Kerl ein Anarchist war und vorhatte, den alten Knaben zu treten, anstatt ihm die Hand zu schütteln. Daraufhin brauchte ich verdammt lange, um Bicky davon zu überzeugen , das Geld nicht zu nehmen und den Dingen ihren Lauf zu lassen. Er schien den Bruder des Pfandleihers eher als Sportler und Wohltäter seiner Art zu betrachten als sonst etwas.

Ich bin geneigt zu glauben, dass die ganze Sache schiefgegangen wäre, wenn Jeeves nicht gewesen wäre. Es besteht kein Zweifel, dass Jeeves eine Klasse für sich ist. Ich glaube nicht, dass ich jemals einen Kerl getroffen habe , der meiner Mutter so sehr ähnelte, was Intelligenz und Einfallsreichtum angeht. Eines Morgens kam er mit einer guten alten Tasse Tee in mein Zimmer und deutete an, dass etwas im Gange sei.

„Könnte ich mit Ihnen bezüglich der Angelegenheit Seiner Gnaden sprechen, Sir?"

„Es ist alles aus. Wir haben beschlossen, es wegzuschmeißen."

"Herr?"

„Das wird nicht funktionieren. Wir können niemanden dazu bewegen, zu kommen."

„Ich glaube, diesen Aspekt der Angelegenheit kann ich regeln, Sir."

„Wollen Sie damit sagen, dass es Ihnen gelungen ist, irgendjemanden zu erwischen?“

„Ja, Sir. Siebenundachtzig Herren aus Birdsburg , Sir.“

Ich setzte mich im Bett auf und verschüttete den Tee.

„ Birdsburg ?“

„ Birdsburg , Missouri, Sir.“

„Wie bist du an sie gekommen?“

„Ich, Sir, besuchte gestern Abend zufällig eine Theatervorstellung, da Sie angedeutet hatten, dass Sie nicht zu Hause sein würden, und unterhielt mich zwischen den Akten mit dem Sitznachbarn. Mir war aufgefallen, dass er ein etwas verziertes Ornament in seinem Knopfloch trug, Sir – einen großen blauen Knopf mit den Worten ‚Boost for Birdsburg ‘ in roten Buchstaben darauf, kaum eine sinnvolle Ergänzung zur Abendgarderobe eines Gentlemans. Zu meiner Überraschung bemerkte ich, dass der Zuschauerraum voller ähnlich geschmückter Personen war. Ich wagte es, nach der Erklärung zu fragen und erfuhr, dass diese Herren, eine Gruppe von 87 Personen, eine Versammlung aus einer Stadt namens Birdsburg im Staat Missouri bildeten. Ihr Besuch, so schloss ich, war rein gesellschaftlicher und vergnüglicher Natur, und mein Informant sprach ausführlich über die Unterhaltung, die für ihren Aufenthalt in der Stadt geplant war. Als er mit beträchtlicher Genugtuung und Stolz erzählte, dass eine Abordnung aus ihrer Mitte einem bekannten Preisboxer vorgestellt worden war und ihm die Hand geschüttelt hatte, kam mir die Idee, das Thema Seine Gnaden anzusprechen. Um es kurz zu machen, Sir, ich habe, vorbehaltlich Ihrer Zustimmung, dafür gesorgt, dass die gesamte Versammlung Seiner Gnaden morgen Nachmittag präsentiert wird.“

Ich war verblüfft. Dieser Kerl war ein Napoleon.

„Siebenundachtzig, Jeeves. Wie viel pro Kopf?“

„Ich musste einer Mengenreduzierung zustimmen, Sir. Die Bedingungen, auf die wir uns schließlich einigten, waren einhundertfünfzig Dollar für die Party.“

Ich habe kurz nachgedacht.

"Im Voraus bezahlbar?"

„Nein, Sir. Ich habe versucht , eine Vorauszahlung zu erhalten, aber es ist mir nicht gelungen.“

„Also , wenn wir es haben, werde ich es jedenfalls auf fünfhundert bringen. Bicky wird es nie erfahren. Glauben Sie, dass Mr. Bickersteth etwas ahnen würde, Jeeves, wenn ich es auf fünfhundert bringen würde?"

„Das glaube ich nicht, Sir. Mr. Bickersteth ist ein angenehmer Herr, aber nicht sehr intelligent."

„Also gut. Lauf nach dem Frühstück zur Bank und hol mir etwas Geld."

"Jawohl."

„Weißt du, du bist ein kleines Wunder, Jeeves."

"Danke mein Herr."

„Genau!"

"Sehr gut, Herr."

Als ich im Laufe des Morgens den guten alten Bicky beiseite nahm und ihm erzählte, was passiert war, brach er fast zusammen. Er torkelte ins Wohnzimmer und knöpfte den alten Chiswick vor , der mit einer Art grimmiger Entschlossenheit den Comicteil der Morgenzeitung las.

„Onkel", sagte er, „hast du morgen Nachmittag etwas Besonderes vor? Ich meine, ich habe ein paar meiner Kumpels eingeladen, dich kennenzulernen, weißt du das nicht ?"

Der alte Junge warf ihm einen nachdenklichen Blick zu.

„Es werden keine Reporter darunter sein?"

„Reporter? Lieber nicht! Warum?"

Während sich das Boot dem Dock näherte, versuchten mehrere anhängliche junge Männer, mir meine Ansichten über Amerika zu entlocken. Ich werde mich dieser Verfolgung nicht noch einmal aussetzen."

„Das wird schon in Ordnung gehen, Onkel. Es wird keinen Zeitungsmann hier geben."

„In diesem Fall würde ich mich freuen, Ihre Freunde kennenzulernen."

„Sie werden ihnen die Hand schütteln und so weiter?"

„Ich werde mein Verhalten selbstverständlich den anerkannten Regeln des zivilisierten Umgangs entsprechend ausrichten."

Bicky bedankte sich herzlich und kam mit mir zum Mittagessen in den Club, wo er freimütig über Hühner, Brutkästen und andere verdorbene Dinge plapperte.

Birdsburg- Gruppe in zehner-Schritten auf den alten Knaben loszulassen . Jeeves brachte seinen Theaterfreund mit, damit er uns sehen konnte, und wir arrangierten das Ganze mit ihm. Ein sehr anständiger Kerl , aber eher geneigt, das Gespräch zu unterdrücken und es auf das neue Wasserversorgungssystem seiner Heimatstadt zu lenken. Wir einigten uns darauf, dass, da er wahrscheinlich nicht mehr als eine Stunde aushalten würde, jede Gruppe sich nach Jeeves' Stoppuhr auf sieben Minuten Gesellschaft des Herzogs berufen sollte, und dass Jeeves nach Ablauf ihrer Zeit in den Raum schleichen und bedeutungsvoll hüsten sollte . Dann verabschiedeten wir uns mit dem, was man, glaube ich, gegenseitige Bekundungen des guten Willens nennt, der Birdsburg-Gruppe. Chappie lud uns alle herzlich ein, irgendwann einmal vorbeizukommen und uns die neue Wasserversorgungsanlage anzuschauen, wofür wir ihm dankten.

Am nächsten Tag traf die Delegation ein. Die erste Schicht bestand aus dem Burschen, den wir kennengelernt hatten, und neun anderen, die ihm in jeder Hinsicht fast genau ähnelten. Sie sahen alle verdammt eifrig und geschäftsmäßig aus, als hätten sie von klein auf im Büro gearbeitet und die Aufmerksamkeit des Chefs auf sich gezogen und so weiter. Sie schüttelten dem alten Jungen mit offensichtlicher Zufriedenheit die Hand – alle außer einem Kerl , der über etwas zu grübeln schien – und dann standen sie auf und wurden plauderhaft.

„Welche Nachricht hast du für Birdsburg , Duke?“, fragte unser Kumpel.

Der alte Junge schien etwas verunsichert.

„Ich war noch nie in Birdsburg .“

Der Kerl schien gequält zu sein.

„Sie sollten ihr einen Besuch abstatten“, sagte er. „Die am schnellsten wachsende Stadt des Landes. Ein Schub für Birdsburg !“

„Boost für Birdsburg !“, sagten die anderen Jungs ehrfürchtig.

Der Kerl , der gegrübelt hatte, meldete sich plötzlich zu Wort.

"Sagen!"

Er war ein kräftiger, wohlgenährter junger Bursche mit einem entschlossenen Kinn und einem kalten Blick.

Die Versammlung sah ihn an.

„Aus geschäftlichen Gründen“, sagte der Kerl – „wohlgemerkt, ich stelle niemandes guten Willen in Frage, aber aus rein geschäftlichen Gründen – denke ich, dieser Herr hier sollte vor Zeugen offiziell erklären, dass er wirklich ein Herzog ist.“

„Was meinen Sie, Sir?", rief der alte Junge und wurde rot.

„Nichts für ungut, nur ein Geschäft. Ich sage nichts, wohlgemerkt, aber da ist eine Sache, die mir irgendwie komisch vorkommt. Dieser Herr hier sagt, sein Name sei Mr. Bickersteth, so wie ich es verstehe. Nun, wenn Sie der Herzog von Chiswick sind , warum ist er dann nicht Lord Percy Irgendwas? Ich habe englische Romane gelesen und weiß alles darüber."

„Das ist ungeheuerlich!"

„Jetzt reg dich nicht auf. Ich frage nur. Ich habe ein Recht, es zu wissen. Du wirst unser Geld nehmen, also ist es nur fair, dass wir dafür sorgen, dass wir das bekommen, was wir für unser Geld bekommen."

Die Wasserversorgungsbucht steuerte bei:

„Sie haben ganz recht, Simms. Das habe ich bei der Vereinbarung übersehen. Sehen Sie, meine Herren, als Geschäftsleute haben wir ein Recht auf angemessene Garantien für Treu und Glauben. Wir zahlen Herrn Bickersteth hier hundertfünfzig Dollar für diesen Empfang und möchten natürlich wissen –"

Der alte Chiswick warf Bicky einen prüfenden Blick zu; dann wandte er sich dem Wasserversorgungsmann zu . Er war erschreckend ruhig.

„Ich kann Ihnen versichern, dass ich davon nichts weiß", sagte er ganz höflich. „Ich wäre Ihnen dankbar, wenn Sie es mir erklären würden."

„Nun, wir haben mit Mr. Bickersteth vereinbart, dass 87 Bürger von Birdsburg das Privileg haben sollen, Sie gegen eine einvernehmlich vereinbarte finanzielle Gegenleistung kennenzulernen und Ihnen die Hand zu schütteln. Und was mein Freund Simms hier meint – und ich stimme ihm zu – ist, dass wir nur Mr. Bickersteths Wort dafür haben – und er ist uns fremd –, dass Sie überhaupt der Herzog von Chiswick sind."

Der alte Chiswick schluckte.

„Erlauben Sie mir, Ihnen zu versichern, Sir", sagte er mit rötlicher Stimme, „dass ich der Herzog von Chiswick bin ."

„Dann ist das ja in Ordnung", sagte der Kerl herzlich. „Das war alles, was wir wissen wollten. Lasst die Sache weitergehen."

„Es tut mir leid", sagte der alte Chiswick , „aber so kann es nicht weitergehen. Ich bin ein wenig müde. Ich fürchte, ich muss um Entschuldigung bitten."

„Aber in diesem Moment warten siebenundsiebzig Jungen um die Ecke darauf, Ihnen vorgestellt zu werden, Duke."

„Ich fürchte, ich muss sie enttäuschen.“

„Aber in diesem Fall müsste der Deal platzen.“

„Das müssen Sie und mein Neffe besprechen.“

Der Kerl schien beunruhigt.

„Den Rest willst du wirklich nicht kennenlernen?“

"NEIN!"

„Na gut, dann gehen wir wohl.“

Sie gingen hinaus, und es herrschte eine ziemlich tiefe Stille. Dann wandte sich der alte Chiswick an Bicky :

"Also?"

Bicky schien nichts zu sagen zu haben.

„War es wahr, was dieser Mann gesagt hat?“

„Ja, Onkel.“

„Was meinst du mit diesem Streich?“

Bicky schien ziemlich k.o. zu sein, also legte ich ein gutes Wort ein.

„Ich denke, du solltest die ganze Sache besser erklären, Bicky , alter Knirps.“

Bickys Adamsapfel hüpfte ein wenig hin und her. Dann begann er:

„Weißt du, du hattest mir mein Taschengeld gestrichen, Onkel, und ich brauchte ein bisschen Geld, um eine Hühnerfarm zu eröffnen. Ich meine, es ist ein absolutes Muss, wenn man einmal ein bisschen Kapital hat. Man kauft ein Huhn, und es legt jeden Tag der Woche ein Ei, und man verkauft die Eier, sagen wir, sieben für fünfundzwanzig Cent.

„Hühnerhaltung kostet nichts. Praktischer Gewinn –“

„Was soll dieser Unsinn mit den Hühnern? Sie haben mich glauben lassen, Sie wären ein wohlhabender Geschäftsmann.“

„Der alte Bicky hat ziemlich übertrieben, Sir“, sagte ich und half dem Kerl heraus. „Tatsache ist, der arme alte Junge ist absolut abhängig von Ihrer Überweisung, und als Sie sie eingestellt haben, war er ziemlich in der Klemme und musste sich etwas einfallen lassen, um schnell an einen Teil des Geldes zu kommen. Deshalb haben wir uns diesen Handschlagplan ausgedacht.“

Dem alten Chiswick stand Schaum vor dem Mund.

„Sie haben mich also belogen! Sie haben mich über Ihre finanzielle Situation absichtlich getäuscht!"

„Der arme alte Bicky wollte nicht auf die Ranch", erklärte ich. „Er mag keine Kühe und Pferde, aber er glaubt, er wäre ein toller Hecht. Er will nur ein bisschen Kapital. Meinen Sie nicht, es wäre ein ziemliches Ding, wenn Sie ..."

„Nach allem, was passiert ist? Nach diesem – diesem Betrug und dieser Dummheit? Keinen Penny!"

"Aber--"

„Nicht so toll!"

Im Hintergrund war ein respektvolles Hüsteln zu hören.

„Darf ich einen Vorschlag machen, Sir?"

Jeeves stand am Horizont und sah teuflisch schlau aus.

„Mach weiter, Jeeves!", sagte ich.

„Ich möchte lediglich vorschlagen, Sir, dass Herr Bickersteth, wenn er ein wenig Bargeld benötigt und nicht in der Lage ist, es anderswo aufzutreiben, sich die benötigte Summe beschaffen könnte, indem er die Ereignisse dieses Nachmittags für die Sonntagsausgabe einer der temperamentvolleren und unternehmungslustigeren Zeitungen schildert."

„Beim Teufel!", sagte ich.

„Bei Gott!", sagte Bicky .

„Großer Gott!", sagte der alte Chiswick .

„Sehr gut, Sir", sagte Jeeves.

Bicky wandte sich mit glänzenden Augen dem alten Chiswick zu.

„Jeeves hat recht. Ich werde es tun! Die *Chronicle* würde sich darauf stürzen. Sie essen solche Sachen."

Der alte Chiswick stieß eine Art stöhnendes Heulen aus.

„Ich verbiete dir absolut, Francis, das zu tun!"

„Das ist ja alles schön und gut", sagte Bicky , wunderbar gefasst, „aber wenn ich das Geld nicht anders auftreiben kann –"

„Warte! Äh – warte, mein Junge! Du bist so ungestüm! Wir könnten etwas arrangieren."

„Ich werde nicht zu dieser Bally-Ranch gehen."

„Nein, nein! Nein, nein, mein Junge! Ich würde es nicht vorschlagen. Ich würde es keinen Augenblick lang vorschlagen. Ich – ich glaube –“

Er schien ein wenig mit sich selbst zu ringen. „Ich – ich denke, im Großen und Ganzen wäre es das Beste, wenn Sie mit mir nach England zurückkehren würden. Ich – ich könnte – tatsächlich glaube ich, dass ich mir vorstellen kann, Ihre Dienste in einer Art Sekretärsstelle in Anspruch zu nehmen.“

„Das würde mir nichts ausmachen.“

„Ich könnte Ihnen kein Gehalt anbieten, aber wie Sie wissen, ist der unbezahlte Sekretär im englischen politischen Leben eine anerkannte Persönlichkeit …“

„Die einzige Zahl, die ich anerkenne“, sagte Bicky bestimmt, „ist fünfhundert Pfund im Jahr, vierteljährlich ausgezahlt.“

"Mein lieber Junge!"

"Absolut!"

„Aber Ihr Lohn, mein lieber Francis, bestünde in den unvergleichlichen Möglichkeiten, die Sie als mein Sekretär hätten, um Erfahrungen zu sammeln und sich mit den Feinheiten des politischen Lebens vertraut zu machen. Tatsächlich wären Sie in einer äußerst vorteilhaften Position.“

„Fünfhundert im Jahr!“, sagte Bicky und ließ es auf der Zunge rollen. „Das wäre doch gar nichts im Vergleich zu dem, was ich verdienen könnte, wenn ich eine Hühnerfarm eröffnen würde. Das ist doch logisch. Nehmen wir an, Sie haben ein Dutzend Hennen. Jede Henne hat ein Dutzend Küken. Nach einer Weile werden die Küken erwachsen und haben selbst ein Dutzend Küken, und dann fangen sie alle an, Eier zu legen! Da kann man ein Vermögen verdienen. In Amerika kann man für Eier alles bekommen, was man will. Die Kerle lagern sie jahrelang auf Eis und verkaufen sie erst, wenn sie etwa einen Dollar pro Stück einbringen. Sie glauben doch nicht, dass ich eine solche Zukunft für weniger als fünfhundert Kobolde im Jahr aufgeben werde – was?“

Ein Ausdruck der Qual huschte über das Gesicht des alten Chiswick , dann schien er sich damit abgefunden zu haben. „Also gut, mein Junge“, sagte er.

„Was ol“, sagte Bicky . „Na gut.“

„Jeeves“, sagte ich. Bicky hatte den alten Knaben zum Feiern zum Abendessen eingeladen, und wir waren allein. „Jeeves, das war eine deiner besten Bemühungen.“

"Danke mein Herr."

„Ich weiß nicht, wie du das machst.“

"Jawohl."

„Das Problem ist nur, dass Sie nicht viel davon haben – was?“

dazu in einer günstigeren Position ist, seine Wertschätzung für alles auszudrücken, was ich glücklicherweise tun konnte, um ihm zu helfen .“

„Das ist nicht genug, Jeeves!“

"Herr?"

Es war ein schwerer Schlag, aber ich hatte das Gefühl, es wäre das einzig Mögliche, was ich tun konnte.

„Bring meine Rasiersachen mit.“

des Kerls leuchtete ein Hoffnungsschimmer , gemischt mit Zweifeln.

„Meinen Sie, Sir?“

„Und rasiere meinen Schnurrbart ab.“

Einen Moment lang herrschte Schweigen. Ich konnte sehen, dass der Kerl tief bewegt war.

„Vielen, vielen Dank, Sir“, sagte er leise und machte sich aus dem Staub.

FEHLENDE BEHANDLUNG

Cardew erzählen. Es ist eine höchst interessante Geschichte. Ich kann nichts über den literarischen Stil und so sagen, aber das muss ich auch nicht, denn es geht ja mit der Moral weiter. Wenn Sie ein Mann sind, dürfen Sie es nicht verpassen, denn es ist eine Warnung für Sie; und wenn Sie eine Frau sind, werden Sie es nicht verpassen wollen, denn es geht darum, wie ein Mädchen einem Mann die Nase voll von allem gemacht hat.

Wenn Sie Bobbie erst seit kurzem kennen, werden Sie wahrscheinlich überrascht sein zu hören, dass es eine Zeit gab, in der er vor allem durch sein schwaches Gedächtnis auffiel. Dutzende von Leuten, die Bobbie erst seit dieser Veränderung kennen, waren überrascht, als ich ihnen das erzählte. Und doch ist es wahr. Glauben Sie *mir*.

In den Tagen, als ich ihn kennenlernte, war Bobbie Cardew der auffälligste junge Schuft im Umkreis von vier Meilen. Die Leute nannten mich einen albernen Esel, aber ich war nie auf einer Stufe mit Bobbie. Was das alberne Verhalten anging, war er ein Mann mit plus vier, während mein Handicap bei etwa sechs lag. Wenn ich ihn zum Abendessen einladen wollte, schickte ich ihm immer am Wochenanfang einen Brief, schickte ihm am Tag davor ein Telegramm und rief ihn am selben Tag an, und – eine halbe Stunde vor der vereinbarten Zeit – einen Boten in einem Taxi, dessen Aufgabe es war, dafür zu sorgen, dass er einstieg und dass der Chauffeur die richtige Adresse hatte. Auf diese Weise gelang es mir im Allgemeinen, ihn zu erreichen, es sei denn, er hatte die Stadt verlassen, bevor mein Bote eintraf.

Das Komische war, dass er in anderer Hinsicht nicht unbedingt ein Dummkopf war. Tief in seinem Innern steckte eine Art Schicht von Verstand. Ich hatte ihn ein- oder zweimal mit beinahe menschlicher Intelligenz erlebt. Aber um diese Schicht zu erreichen, brauchte man Dynamit.

Zumindest dachte ich das. Aber es gab noch einen anderen Weg, der mir nicht in den Sinn gekommen war. Heiraten, meine ich. Heiraten, das Dynamit der Seele; das war es, was Bobbie traf. Er heiratete. Haben Sie schon einmal einen Bullenwelpen gesehen, der eine Biene jagt? Der Welpe sieht die Biene. Für ihn sieht sie gut aus. Aber er weiß immer noch nicht, was am Ende ist, bis er dort ankommt. So war es mit Bobbie. Er verliebte sich, heiratete – mit einer Art Jubelschrei, als wäre es der größte Spaß der Welt – und begann dann, Dinge herauszufinden.

Sie war nicht die Art Mädchen, von der man erwartet hätte, dass Bobbie davon schwärmt. Und doch, ich weiß nicht. Was ich meine ist, sie hat für ihren Lebensunterhalt gearbeitet; und für einen Kerl, der noch nie in seinem

Leben etwas getan hat, ist ein Mädchen, das für seinen Lebensunterhalt arbeitet, zweifellos eine Art Faszination, eine Art Romantik.

Ihr Name war Anthony. Mary Anthony. Sie war etwa 1,68 m groß, hatte 1,5 Tonnen rotgoldenes Haar, graue Augen und eines dieser entschlossenen Kinne. Sie war Krankenschwester. Als Bobbie sich beim Polo verletzte, wurde sie von den Behörden angewiesen, seine Stirn zu glätten und sich mit kühlenden Salben und dergleichen zu stärken; und der alte Junge war über eine Woche lang nicht mehr auf den Beinen, bevor sie schnell zum Standesbeamten gingen und die Sache in Ordnung brachten. Ganz schön romantisch.

Bobbie teilte mir die Neuigkeiten eines Abends im Club mit und stellte sie mir am nächsten Tag vor. Ich bewunderte sie. Ich habe selbst nie gearbeitet – mein Name ist übrigens Pepper. Fast hätte ich vergessen, es zu erwähnen. Reggie Pepper. Mein Onkel Edward war Pepper, Wells und Co., die Leute von der Kohlengrube. Er hinterließ mir einen beträchtlichen Batzen Goldbarren – ich sage, ich habe selbst nie gearbeitet, aber ich bewundere jeden, der seinen Lebensunterhalt unter Schwierigkeiten verdient, besonders ein Mädchen. Und dieses Mädchen hatte es ungewöhnlich schwer gehabt, da sie Waise war und so weiter und jahrelang alles selbst machen musste.

Mary und ich kamen prächtig miteinander aus. Das ist jetzt nicht mehr der Fall, aber dazu kommen wir später. Ich spreche von der Vergangenheit. Sie schien Bobbie für das Größte auf der Welt zu halten, nach der Art zu urteilen, wie sie ihn ansah, wenn sie dachte, ich würde es nicht bemerken. Und Bobbie schien dasselbe über sie zu denken. Also kam ich zu dem Schluss, dass sie eine faire Chance hatten, ganz glücklich zu sein, wenn der liebe alte Bobbie nur nicht vergaß, zur Hochzeit zu gehen.

Nun, lasst uns hier ein wenig beschleunigen und ein Jahr überspringen. Die Geschichte beginnt erst dann richtig.

Sie nahmen eine Wohnung und ließen sich nieder. Ich war ziemlich oft hier. Ich hielt die Augen offen und alles schien mir so reibungslos zu laufen, wie man es sich nur wünschen kann. Wenn das eine Ehe war, dachte ich, konnte ich nicht verstehen, warum die Leute solche Angst davor hatten. Es gab eine Menge schlimmerer Dinge, die einem Mann passieren konnten.

Aber nun kommen wir zu dem Vorfall des ruhigen Abendessens, und genau hier gerät der junge Traum der Liebe ins Stocken, und die Dinge beginnen sich zu ereignen.

Ich traf zufällig Bobbie in Piccadilly und er bat mich, zum Abendessen in seine Wohnung zu kommen. Und wie ein Idiot ging ich hin, anstatt abzuhauen und mich unter Polizeischutz zu stellen.

Als wir in die Wohnung kamen, sah Mrs. Bobbie dort aus – ich kann Ihnen sagen, es hat mich umgehauen. Ihr goldenes Haar war in Wellen und Fältchen und so aufgetürmt, mit einer Art Diamanten darin. Und sie trug das absolut beste Kleid. Ich kann es nicht beschreiben. Ich kann nur sagen, es war das Größte. Mir kam der Gedanke, dass es kein Wunder war, dass Bobbie die Häuslichkeit mochte, wenn sie jeden Abend so aussah, wenn sie zu Hause zusammen in aller Ruhe aßen.

„Hier ist der alte Reggie, Liebling", sagte Bobbie. „Ich habe ihn mit nach Hause genommen, damit er etwas zu Abend isst. Ich rufe in der Küche an und lasse sie es jetzt raufschicken – was?"

Sie starrte ihn an, als hätte sie ihn noch nie zuvor gesehen. Dann wurde sie scharlachrot. Dann wurde sie weiß wie ein Laken. Dann lachte sie leise. Es war höchst interessant, das zu beobachten. Ich wünschte, ich wäre auf einem Baum, etwa 1.300 Kilometer entfernt. Dann fing sie sich wieder.

„Ich bin so froh, dass Sie kommen konnten, Mr. Pepper", sagte sie und lächelte mich an.

Und danach ging es ihr gut. Zumindest hätte man das sagen können. Sie redete viel beim Abendessen, neckte Bobbie und spielte uns danach Ragtime auf dem Klavier, als hätte sie keine Sorgen auf der Welt. Es war eine ziemlich lustige kleine Party – nicht. Ich bin kein luchsäugiger Detektiv und so, aber ich hatte ihr Gesicht am Anfang gesehen und wusste, dass sie die ganze Zeit arbeitete und hart arbeitete, um sich unter Kontrolle zu halten, und dass sie diesen Diamanten wie auch immer in ihrem Haar und alles andere, was sie besaß, dafür gegeben hätte, einmal richtig zu schreien – nur einmal. Ich habe in meinem Leben schon einige ziemlich dichte Abende durchgestanden, aber dieser hier ließ alle anderen im Galopp hinter sich. Im allerersten Moment schnappte ich mir meinen Hut und rannte weg.

Nachdem ich gesehen hatte, was ich getan hatte, war ich nicht besonders überrascht, Bobbie am nächsten Tag im Club zu treffen, der ungefähr so fröhlich und munter aussah wie ein einsamer Gummibärchen bei einer Eskimo-Teeparty.

Er fing sofort an. Er schien froh, jemanden zu haben, mit dem er darüber reden konnte.

„Wissen Sie, wie lange ich schon verheiratet bin?", sagte er.

Das habe ich nicht genau.

„Ungefähr ein Jahr, nicht wahr?"

„Nicht *etwa* ein Jahr", sagte er traurig. „Genau ein Jahr – gestern!"

Dann verstand ich. Ich sah Licht – einen normalen Lichtblitz.

"Gestern war--?"

„Der Hochzeitstag. Ich hatte vereinbart, Mary ins Savoy und dann nach Covent Garden zu bringen. Sie wollte unbedingt Caruso hören. Ich hatte die Karte für die Loge in der Tasche. Wissen Sie, während des ganzen Abendessens hatte ich so eine komische Idee, dass ich etwas vergessen hatte, aber mir fiel nicht ein, was?“

„Bis Ihre Frau es erwähnte?“

Er nickte--

„Sie – hat es erwähnt“, sagte er nachdenklich.

Ich habe nicht nach Einzelheiten gefragt. Frauen mit Haaren und Kinn wie Maria mögen die meiste Zeit Engel sein, aber wenn sie ihre Flügel für eine Weile abnehmen, sind sie nicht halbherzig dabei.

„Um ganz ehrlich zu sein, alter Knirps“, sagte der arme alte Bobbie in einem etwas gebrochenen Ton, „mein Aktienkurs ist zu Hause ziemlich niedrig.“

Es schien nicht viel zu tun zu geben. Ich zündete mir einfach eine Zigarette an und saß da. Er wollte nicht reden. Bald darauf ging er hinaus. Ich stand am Fenster unseres oberen Raucherzimmers, das auf Piccadilly hinausgeht, und beobachtete ihn. Er ging langsam ein paar Meter weiter, blieb stehen, ging dann weiter und bog schließlich in ein Juweliergeschäft ein. Das war ein Beispiel dafür, was ich meinte, als ich sagte, dass tief in ihm eine gewisse Schicht von Vernunft steckte.

Von da an begann ich mich wirklich für dieses Problem von Bobbies Eheleben zu interessieren. Natürlich interessiert man sich immer ein wenig für die Ehen seiner Freunde und hofft, dass sie gut ausgehen und so weiter; aber das hier war anders. Der Durchschnittsmann ist nicht wie Bobbie und das Durchschnittsmädchen ist nicht wie Mary. Es war die alte Geschichte mit der unbeweglichen Masse und der unwiderstehlichen Kraft. Da war Bobbie, der gemächlich durchs Leben schlenderte, in hunderterlei Hinsicht ein lieber alter Kerl, aber zweifellos ein Trottel vom Feinsten.

Und da war Mary, die fest entschlossen war, dass er kein Trottel sein sollte. Und die Natur, wohlgemerkt, war auf Bobbies Seite. Wenn die Natur einen Trottel wie den guten alten Bobbie erschafft, ist sie stolz auf ihn und möchte nicht, dass ihr Werk gestört wird. Sie gibt ihm eine Art natürlichen Schutzschild , der ihn vor äußeren Einflüssen schützt. Und dieser Schutzschild ist sein kurzes Gedächtnis. Ein kurzes Gedächtnis sorgt dafür, dass ein Mann ein Trottel bleibt, obwohl er ohne dieses Gedächtnis vielleicht keiner mehr wäre. Nehmen wir zum Beispiel meinen Fall. Ich bin ein Trottel. Nun, wenn ich mich an die Hälfte der Dinge erinnert hätte, die die Leute mir im Laufe meines Lebens beibringen wollten, wäre meine Hutgröße ungefähr

Nummer 44. Aber das tat ich nicht. Ich habe sie vergessen. Und mit Bobbie war es genauso.

Etwa eine Woche lang, vielleicht auch etwas länger, munterte ihn die Erinnerung an diesen ruhigen kleinen Abend zu Hause wie ein Stärkungsmittel auf. Elefanten, so habe ich irgendwo gelesen, sind Meister im Gedächtnis, aber in dieser Woche waren sie für Bobbie Narren. Aber Gott sei Dank war der Schock bei weitem nicht groß genug. Er hatte die Rüstung zwar eingedrückt , aber kein Loch hinterlassen. Schon bald war er wieder beim alten Spiel.

Es war erbärmlich, wissen Sie. Das arme Mädchen liebte ihn und hatte Angst. Es war die Spitze des Eisbergs, wissen Sie, und sie wusste es. Ein Mann, der nach einem Jahr Ehe vergisst, an welchem Tag er geheiratet hat, vergisst am Ende des vierten Jahres, dass er überhaupt verheiratet ist. Wenn sie ihn überhaupt in den Griff bekommen wollte, musste sie es jetzt tun, bevor er sich von ihr abzuwenden begann.

Ich sah das deutlich genug und versuchte, es Bobbie klarzumachen, als er mir eines Nachmittags sein Leid schilderte. Ich kann mich nicht erinnern, was er am Tag zuvor vergessen hatte, aber es war etwas, das sie ihn gebeten hatte, ihr mit nach Hause zu bringen – vielleicht war es ein Buch.

„Es ist so eine Kleinigkeit, über die man so viel Aufhebens machen kann“, sagte Bobbie. „Und sie weiß, dass es einfach daran liegt, dass ich ein so furchtbares Gedächtnis für alles habe. Ich kann mir an nichts erinnern. Das konnte ich noch nie.“

Er redete eine Weile weiter, und als er ging, zog er ein paar Sovereigns heraus.

„Ach übrigens“, sagte er.

„Wofür ist das?“, fragte ich, obwohl ich es wusste.

„Das schulde ich dir.“

„Wie ist das?“, sagte ich.

„Na, die Wette am Dienstag. Im Billardzimmer. Murray und Brown spielten hundert Punkte vorn, und ich wette zwei zu eins, dass Brown gewinnen würde, und Murray schlug ihn um zwanzig oder ein paar Punkte.“

„Also erinnerst du dich doch an ein paar Dinge?“, sagte ich.

Er wurde ganz aufgeregt. Er sagte, wenn ich ihn für einen Schurken halte, der vergisst zu zahlen, wenn er eine Wette verloren hat, dann wäre das ziemlich gemein von mir, nachdem ich ihn all die Jahre kenne, und noch vieles mehr.

„Beruhig dich, Junge ", sagte ich.

Dann habe ich wie ein Vater mit ihm gesprochen.

„Was du tun musst, mein alter Studienfreund", sagte ich, „ist, dich zusammenzureißen, und zwar ziemlich schnell. So wie sich die Dinge entwickeln, wirst du schneller einen bösen Schlag erleiden, als du denkst. Du musst dich anstrengen. Sag nicht, dass du es nicht kannst. Diese Sache mit den zwei Pfund zeigt, dass du dich an einige Dinge erinnern kannst, auch wenn dein Gedächtnis brüchig ist. Was du tun musst, ist, dafür zu sorgen, dass Hochzeitsjubiläen und so weiter in die Liste aufgenommen werden. Es mag eine Gehirnanstrengung sein , aber du kommst nicht davon los."

„Ich schätze, du hast recht", sagte Bobbie. „Aber ich verstehe nicht, warum sie so viel über diese miesen kleinen Daten denkt. Was macht es schon, wenn ich vergessen habe, an welchem Tag wir geheiratet haben oder an welchem Tag sie geboren wurde oder an welchem Tag die Katze Masern hatte? Sie weiß, dass ich sie genauso liebe, als wäre ich ein Auswendiglern-Freak im Schulhaus."

„Das reicht einer Frau nicht", sagte ich. „Sie wollen, dass man es ihnen zeigt. Wenn Sie das im Hinterkopf behalten, ist alles in Ordnung. Wenn Sie es vergessen, gibt es Ärger."

Er kaute auf dem Knauf seines Stocks herum.

„Frauen sind furchtbar lüstern", sagte er düster.

„Daran hätten Sie denken sollen, bevor Sie einen geheiratet haben", sagte ich.

Ich sehe nicht, dass ich mehr hätte tun können. Ich hatte ihm die ganze Sache auf den Punkt gebracht. Man hätte meinen können, er hätte den Sinn verstanden und sich dadurch zusammengerissen und zusammengerissen. Aber nein. Er ging wieder los, auf die gleiche alte Art und Weise. Ich gab es auf, mit ihm zu streiten. Ich hatte eine Menge Zeit zur Verfügung, aber nicht genug, um etwas zu erreichen, wenn es darum ging, den guten alten Bobbie durch Argumente zu bessern. Wenn Sie sehen, dass ein Mann Ärger will und darauf besteht, ihn zu bekommen, können Sie nur abwarten, bis er Ärger bekommt. Danach bekommen Sie vielleicht eine Chance. Aber bis dahin ist nichts zu tun. Aber ich habe viel über ihn nachgedacht.

Bobbie war nicht gleich ganz in der Klemme. Wochen und Monate vergingen, und immer noch geschah nichts. Ab und zu kam er mit einer Art Wolke auf seinem strahlenden Morgengesicht in den Club, und ich wusste, dass zu Hause etwas los war; aber erst im Frühling traf ihn der Blitz genau dort, wo er ihn erwartet hatte – in die Brust.

Eines Morgens rauchte ich in aller Ruhe eine Zigarette am Fenster, blickte auf Piccadilly und beobachtete die Busse und Autos, die hier rauf und runter fuhren – höchst interessant, das mache ich oft –, als Bobbie mit großen Augen und austernrotem Gesicht hereingestürzt kam und mit einem Stück Papier in der Hand herumfuchtelte.

„Reggie", sagte er. „Reggie, alter Knirps, sie ist weg!"

„Weg!", sagte ich. „Wer?"

„Mary, natürlich! Weg! Hat mich verlassen! Weg!"

„Wo?", sagte ich.

Dumme Frage? Vielleicht hast du recht. Jedenfalls hatte der gute alte Bobbie fast Schaum vor dem Mund.

„Wo? Woher soll ich das wissen? Hier, lies das."

Er drückte mir das Papier in die Hand. Es war ein Brief.

„Weiter", sagte Bobbie. „Lies es."

Das tat ich. Es war wirklich ein ziemlich langer Brief. Er war nicht sehr lang, aber er kam auf den Punkt. Er enthielt Folgendes:

„Mein lieber Bobbie, ich gehe weg. Wenn ich dir so viel am Herzen liege, dass du daran denkst, mir an meinem Geburtstag alles Gute zu wünschen, werde ich zurückkommen. Meine Adresse ist Postfach 341, *London Morning News*."

Ich habe es zweimal gelesen und dann gesagt: „Na und, warum tust du es nicht?"

„Warum tue ich nicht was?"

„Warum wünschen Sie ihr nicht alles Gute zum Geburtstag? Das ist doch nicht zu viel verlangt."

„Aber sie sagt, an ihrem Geburtstag."

„Also, wann hat sie Geburtstag?"

„Verstehst du das nicht?", sagte Bobbie. „Ich habe es vergessen."

„Vergessen!", sagte ich.

„Ja", sagte Bobbie. „Vergessen."

„Wie meinst du das mit vergessen?", sagte ich. „Vergessen, ob es der zwanzigste oder der einundzwanzigste ist oder was? Wie nahe kommst du dem?"

„Ich weiß, dass es irgendwann zwischen dem 1. Januar und dem 31. Dezember passiert ist. So nah bin ich dran.“

"Denken."

„Denken? Was bringt es, ‚Denken‘ zu sagen? Denken, dass ich nicht gedacht habe? Seit ich diesen Brief geöffnet habe, schlage ich Funken aus meinem Gehirn.“

„Und du kannst dich nicht erinnern?“

"NEIN."

Ich habe geklingelt und Restaurationsmittel bestellt.

„Nun, Bobbie“, sagte ich, „das ist ein ziemlich schwieriger Fall, den man einem ungeübten Amateur wie mir aufhalsen kann. Angenommen, jemand wäre zu Sherlock Holmes gekommen und hätte gesagt: ‚Mr. Holmes, hier ist ein Fall für Sie. Wann hat meine Frau Geburtstag?‘ Hätte das Sherlock nicht erschreckt? Ich kenne mich jedoch gut genug mit dem Spiel aus, um zu verstehen, dass ein Kerl seine deduktiven Theorien nicht aufstellen kann, wenn man ihm nicht einen Hinweis gibt. Also reiß dich aus deiner Trance und sag zwei oder drei. Können Sie sich zum Beispiel nicht erinnern, wann sie das letzte Mal Geburtstag hatte? Wie war das Wetter? Das könnte den Monat bestimmen.“

Bobbie schüttelte den Kopf.

„Soweit ich mich erinnern kann, war es ganz normales Wetter.“

"Warm?"

„Warm.“

„Oder kalt?“

„Nun, ziemlich kalt, vielleicht. Ich kann mich nicht erinnern.“

Ich bestellte noch zwei weitere dieser Art. Sie schienen im Handbuch für junge Detektive aufgeführt zu sein. „Du bist eine große Hilfe, Bobbie“, sagte ich. „Eine unschätzbar wertvolle Assistentin. Eine dieser unverzichtbaren Ergänzungen, ohne die kein Zuhause komplett ist.“

Bobbie schien nachzudenken.

„Ich hab’s“, sagte er plötzlich. „Schau mal. Ich habe ihr an ihrem letzten Geburtstag ein Geschenk gemacht. Wir müssen nur in den Laden gehen, das Kaufdatum raussuchen und schon ist die Sache erledigt.“

„Absolut. Was hast du ihr gegeben?“

Er sackte zusammen.

„Ich kann mich nicht erinnern“, sagte er.

Ideen zu bekommen ist wie Golf. An manchen Tagen ist man sofort dabei, an anderen ist es so einfach wie vom Baum zu fallen. Ich glaube nicht, dass der gute alte Bobbie jemals zuvor in seinem Leben zwei Ideen am selben Morgen gehabt hatte; aber jetzt tat er es ohne Anstrengung. Er schüttete einfach einen weiteren trockenen Martini ins Unterholz und bevor man sich umdrehen konnte, hatte er einen ziemlichen Geistesblitz freigesetzt.

Kennen Sie diese kleinen Bücher mit dem Titel „ *Wann wurden Sie geboren ?*“ Es gibt für jeden Monat eins. Sie erzählen Ihnen für viereinhalb Pence pro Stück Ihren Charakter, Ihre Talente, Ihre Stärken und Ihre Schwächen. Bobbies Idee war, alle zwölf Bücher zu kaufen und sie durchzugehen, bis wir herausgefunden haben, welcher Monat am besten zu Marys Charakter passt. Dadurch hätten wir den Monat und könnten die Auswahl erheblich eingrenzen.

Eine ziemlich tolle Idee für einen Nichtdenker wie die gute alte Bobbie. Wir machten uns sofort auf den Weg. Er nahm die Hälfte und ich die andere Hälfte, und wir machten uns an die Arbeit. Wie gesagt, es klang gut. Aber als wir uns tiefer mit der Sache befassten, sahen wir, dass es einen Fehler gab. Es gab zwar eine Menge Informationen, aber es gab keinen einzigen Monat, in dem es nicht etwas gab, das Mary genau zusagte. In dem Dezemberbuch hieß es beispielsweise: „Dezembermenschen neigen dazu, ihre eigenen Geheimnisse zu bewahren. Sie sind Vielreisende . “ Nun, Mary hatte ihr Geheimnis auf jeden Fall für sich behalten, und sie war für Bobbies Bedürfnisse viel gereist. Andererseits wurden Oktobermenschen „mit originellen Ideen geboren“ und „liebten es, unterwegs zu sein“. Treffender hätte man Marys kleinen Ausflug nicht zusammenfassen können. Februarmenschen hatten „wunderbare Erinnerungen“ – Marys Spezialität .

Wir machten eine kleine Pause und versuchten es dann noch einmal.

Bobbie war ganz für den Mai, weil es in dem Buch hieß, dass Frauen, die in diesem Monat geboren sind, „zur Launenhaftigkeit neigen, was immer ein Hindernis für ein glückliches Eheleben ist“. Ich hingegen entschied mich für Februar , weil Februar-Frauen „außergewöhnlich entschlossen sind, ihren eigenen Weg durchzusetzen, sehr aufrichtig sind und von ihrem Gefährten oder ihren Gefährten eine volle Gegenleistung erwarten“. Und er gab zu, dass dies so ähnlich wie Mary war, wie es nur sein konnte.

Am Ende zerriss er die Bücher, trampelte darauf herum, verbrannte sie und ging nach Hause.

Es war wunderbar, was für eine Veränderung die nächsten paar Tage in Bobbie bewirkten. Haben Sie jemals das Bild „Das Erwachen der Seele “ gesehen? Es zeigt eine Art Flapper, die erschrocken in die Ferne blickt, mit einem Blick in den Augen, der zu sagen scheint: „Das sind doch sicher Georges Schritte, die ich auf der Matte höre! Kann das Liebe sein?" Nun, Bobbie erlebte auch ein Erwachen der Seele. Ich nehme an, er hatte sich in seinem Leben noch nie die Mühe gemacht, nachzudenken – nicht wirklich *nachzudenken* . Aber jetzt war sein Gehirn bis auf die Knochen erschöpft. Natürlich war es in gewisser Weise schmerzhaft, einen Mitmenschen so tief in der Klemme zu sehen, aber ich war fest davon überzeugt, dass es das Beste war. Ich konnte so deutlich wie möglich erkennen, dass all diese Geistesblitze Bobbies Wissen verbesserten. Wenn alles vorbei war, würde er möglicherweise wieder eine Art Schurken werden, aber es wäre nur ein blasser Abglanz des Schurken, der er einmal war. Es bestätigte die Idee, die ich immer gehabt hatte, dass er einen richtig guten Ruck brauchte.

Ich habe ihn in diesen Tagen oft gesehen. Ich war sein bester Freund, und er kam zu mir, um Mitgefühl zu bekommen. Ich gab ihm dieses Mitgefühl auch mit beiden Händen, aber ich versäumte es nie, ihm eine Moralpredigt zu halten, wenn ich ihn schwach machte.

Eines Tages kam er zu mir, als ich im Club saß, und ich konnte sehen, dass er eine Idee hatte. Er sah glücklicher aus als seit Wochen.

„Reggie", sagte er, „ich bin auf der Spur. Diesmal bin ich überzeugt, dass ich es schaffen werde. Ich habe mich an etwas von entscheidender Bedeutung erinnert."

„Ja?", sagte ich.

„Ich erinnere mich genau", sagte er, „dass wir an Marys letztem Geburtstag zusammen ins Kolosseum gegangen sind. Was empfinden Sie dafür?"

„Das ist eine schöne Übung zum Auswendiglernen", sagte ich, „aber was bringt es?"

„Dort ändern sie das Programm jede Woche."

„Ah!", sagte ich. „Jetzt redest du."

„Und in der Woche, in der wir gingen, war eine der Runden Professor Somebodys Terpsichorean Cats. Ich erinnere mich deutlich daran. Jetzt grenzen wir es ein, oder nicht? Reggie, ich gehe sofort zum Kolosseum und werde das Datum dieser Terpsichorean Cats aus dem M herauskramen, und sei es mit einer Brechstange."

Das hat ihn also innerhalb von sechs Tagen erwischt; denn die Geschäftsleitung behandelte uns wie Brüder, holte die Archive hervor und ließ die Seiten mit flinken Fingern durchgehen, bis sie Mitte Mai die Katzen auf einen Baum trieben.

„Ich habe dir gesagt, es ist Mai“, sagte Bobbie. „Vielleicht hörst du mir ein anderes Mal zu.“

„Wenn Sie vernünftig sind“, sagte ich, „wird es kein anderes Mal geben.“

Und Bobbie meinte, das würde nicht passieren.

Wenn man sich einmal ins Gedächtnis eingebrannt hat, löst es sich, als hätte es Spaß daran. Ich war an diesem Abend gerade eingeschlafen, als mein Telefon klingelte. Es war natürlich Bobbie. Er entschuldigte sich nicht.

„Reggie“, sagte er, „jetzt weiß ich es genau. Es ist mir gerade eingefallen. Wir haben diese Terpsichorean Cats bei einer Matinee gesehen, alter Mann.“

„Ja?“, sagte ich.

„Sehen Sie denn nicht, dass es dann zwei Tage sind? Es muss entweder Mittwoch, der Siebte, oder Samstag, der Zehnte gewesen sein.“

„Ja“, sagte ich, „wenn es im Coliseum nicht täglich Matineen gäbe.“

Ich hörte ihn so etwas wie heulen.

„Bobbie“, sagte ich. Meine Füße waren eiskalt, aber ich mochte ihn.

"Also?"

„Mir ist auch noch etwas eingefallen. Und zwar das hier. An dem Tag, als Sie ins Kolosseum gingen, habe ich mit Ihnen beiden im Ritz zu Mittag gegessen. Sie hatten vergessen, Geld mitzunehmen, also haben Sie einen Scheck ausgestellt .“

„Aber ich schreibe ständig Schecks .“

„Das stimmt. Aber dieser war über einen Zehner und auf das Hotel ausgestellt. Suchen Sie in Ihrem Scheckbuch nach, wie viele Schecks über zehn Pfund, zahlbar an das Ritz Hotel, Sie zwischen dem 5. und 10. Mai ausgestellt haben.“

Er schluckte schwer.

„Reggie“, sagte er, „du bist ein Genie. Das habe ich schon immer gesagt. Ich glaube, du hast es drauf. Bleib dran.“

Bald kam er wieder zurück.

„ Hallo !“, sagte er.

„Ich bin hier“, sagte ich.

„Es war der Achte. Reggie, alter Mann, ich —“

„Topping“, sagte ich. „Gute Nacht.“

Es dauerte mittlerweile bis in die frühen Morgenstunden, aber ich dachte, ich könnte genauso gut eine Nacht daraus machen und die Sache zu Ende bringen, also rief ich ein Hotel in der Nähe des Strands an.

„Verbinden Sie mich mit Mrs. Cardew ", sagte ich.

„Es ist spät", sagte der Mann am anderen Ende.

„Und es wird mit jeder Minute später", sagte ich. „Mach weiter, Junge ."

Ich wartete geduldig. Ich hatte meinen Schönheitsschlaf verpasst und meine Füße waren hart gefroren, aber ich bereute es nicht mehr.

„Was ist los?", sagte Marys Stimme.

„Meine Füße sind kalt", sagte ich. „Aber ich habe Sie nicht angerufen, um Ihnen das ausdrücklich zu sagen. Ich habe gerade mit Bobbie geplaudert, Mrs. Cardew ."

„Oh! Ist das Mr. Pepper?"

„Ja. Er hat sich daran erinnert, Mrs. Cardew ."

Sie stieß eine Art Schrei aus. Ich habe oft darüber nachgedacht, wie interessant es sein muss, eines dieser Austauschmädchen zu sein. Was sie alles hören müssen, wissen Sie. Bobbies Heulen und Schlucken und Mrs. Bobbies Schrei und alles über meine Füße und all das. Das muss höchst interessant sein.

„Er hat sich daran erinnert!", keuchte sie. „Hast du es ihm erzählt?"

"NEIN."

Nun ja, das hatte ich nicht.

„Herr Pepper."

"Ja?"

„War er – war er – war er sehr besorgt?"

Ich kicherte. Hier sollte ich der Mittelpunkt der Party sein.

„Besorgt! Er war der besorgteste Mensch zwischen hier und Edinburgh. Er hat sich Sorgen gemacht, als ob er dafür von der Nation bezahlt würde. Er hat sich nach dem Frühstück Sorgen gemacht und –"

Na ja, bei Frauen weiß man nie. Ich hatte vor, dass wir den Rest des Abends damit verbringen würden, uns über den Zaun hinweg gegenseitig auf die Schulter zu klopfen und uns zu erzählen, was für dämliche, schlaue Verschwörer wir doch sind, und so weiter. Aber ich war gerade so weit gekommen, als sie mich biss. Absolut! Ich hörte das Knacken. Und dann sagte sie „Oh!“ in diesem erstickten Ton. Und wenn eine Frau so „Oh!“ sagt, meint sie damit all die Schimpfwörter, die sie gerne sagen würde, wenn sie sie nur kennen würde.

Und dann fing sie an.

„Was für Bestien die Menschen sind! Was für abscheuliche Bestien! Wie konntest du tatenlos zusehen, wie der arme Bobbie sich ins Fieber quält, wenn ein Wort von dir alles wieder in Ordnung gebracht hätte? Ich kann es nicht ...“

"Aber--"

„Und Sie nennen sich seinen Freund! Seinen Freund!“ (Metallisches Lachen, höchst unangenehm.) „Das zeigt, wie man sich täuschen kann. Ich hielt Sie immer für einen gutherzigen Menschen.“

„Aber, sage ich, als ich die Sache vorschlug, dachten Sie, es wäre vollkommen —“

„Ich fand es abscheulich und abscheulich.“

„Aber du hast gesagt, es wäre absolut erstklassig —“

„Ich habe nichts dergleichen gesagt. Und wenn doch, dann habe ich es nicht so gemeint. Ich möchte nicht ungerecht sein, Mr. Pepper, aber ich muss sagen, dass mir ein Mann, der sich so viel Mühe gibt, einen Mann von seiner Frau zu trennen, nur um sich zu amüsieren, indem er sich an seinem Kummer ergötzt —“

"Aber--!"

„Wenn ein einziges Wort ...“

„Aber ich musste dir versprechen, dass ich ...“, meckerte ich.

„Und wenn ja, glauben Sie, ich hätte nicht erwartet, dass Sie so viel Verstand haben, Ihr Versprechen zu brechen?“

Ich war fertig. Ich hatte keine weiteren Anmerkungen zu machen. Ich legte den Hörer auf und kroch ins Bett.

Ich sehe Bobbie immer noch, wenn er in den Club kommt, aber ich besuche das alte Gehöft nicht. Er ist freundlich, aber er scheut sich davor, Einladungen auszusprechen. Letzte Woche bin ich in der Akademie Mary begegnet, und ihre Augen durchbohrten mich wie zwei Kugeln ein Stück Butter. Und als sie auf der anderen Seite wieder herauskamen und ich davonhumpelte, um mich wieder zu sammeln, fiel mir die einfache Grabinschrift ein, die ich, wenn ich nicht mehr bin, auf meinen Grabstein schreiben lassen möchte. Sie lautete: „Er war ein Mann, der aus den besten Motiven handelte. Jede Minute wird einer geboren."

FREDDIE HELFEN

Ich will Sie ja nicht langweilen und all diesen Blödsinn, aber ich muss Ihnen vom guten alten Freddie Meadowes erzählen . Ich bin kein großer Fan von literarischem Stil und so, aber wenn ich fertig bin, werde ich einen Schriftsteller bitten, das Ding zu waschen und aufzupolieren, also ist das in Ordnung.

Der gute alte Freddie, wissen Sie, ist schon seit vielen Jahren ein guter alter Kumpel von mir. Als ich also eines Morgens in den Club kam und ihn allein in einer dunklen Ecke sitzen sah, mit glasigem Blick ins Leere starrend und insgesamt aussehend wie die letzte Rose des Sommers, können Sie verstehen, dass ich darüber ziemlich beunruhigt war. Normalerweise ist der alte Kerl das Herz und die Seele unserer Truppe. Ein richtiger kleiner Spaßvogel und so was in der Art.

Jimmy Pinkerton war damals bei mir. Jimmy ist ein Kerl, der Theaterstücke schreibt – ein verdammt kluger Kerl – und gemeinsam machten wir uns daran, den armen Kerl mit den Glotzaugen auszufragen , bis wir schließlich herausfanden, worum es ging.

Wie wir uns denken konnten, war es ein Mädchen. Er hatte einen Streit mit Angela West, der Frau, mit der er verlobt war, und sie hatte die Verlobung gelöst. Worum es bei dem Streit ging, verriet er nicht, aber anscheinend hatte sie die Nase voll. Sie ließ ihn nicht an sich heran, weigerte sich, mit ihm zu telefonieren und schickte seine Briefe ungeöffnet zurück.

Der arme alte Freddie tat mir leid. Ich wusste, wie es sich anfühlte. Ich war selbst einmal in ein Mädchen namens Elizabeth Shoolbred verliebt , und die Tatsache, dass sie mich um keinen Preis ausstehen konnte, werde ich in meiner Autobiographie festhalten. Ich wusste, was Freddie bedeutete.

„Du willst einen Tapetenwechsel, alter Pfadfinder", sagte ich. „Komm mit mir nach Marvis Bay. Ich habe mir dort ein Cottage gemietet. Jimmy kommt am 24. runter. Wir werden eine gemütliche Party machen."

„Er hat absolut recht", sagte Jimmy. „Der Tapetenwechsel ist das Problem. Ich kannte einen Mann. Das Mädchen wies ihn ab. Der Mann ging ins Ausland. Zwei Monate später telegrafierte ihm das Mädchen: ‚Komm zurück, Muriel.' Der Mann wollte eine Antwort schreiben, merkte aber plötzlich, dass er sich nicht an den Nachnamen des Mädchens erinnern konnte und antwortete deshalb überhaupt nicht."

Aber Freddie ließ sich nicht trösten. Er sah einfach weiter aus, als hätte er seinen letzten Sixpence verschluckt. Ich brachte ihn jedoch dazu, mir zu versprechen, mit mir nach Marvis Bay zu kommen. Er meinte, er könne genauso gut dort sein wie überall sonst.

Kennen Sie Marvis Bay? Es liegt in Dorsetshire . Es ist nicht das, was man als besonders aufregenden Ort bezeichnen würde, aber es hat seine guten Seiten. Den Tag verbringt man dort badend und im Sand sitzend, und am Abend spaziert man mit den Mücken am Strand entlang. Um neun Uhr reibt man die Wunden mit Salbe ein und geht zu Bett.

Es schien dem armen alten Freddie zu passen. Wenn der Mond erst einmal aufgegangen war und die Brise in den Bäumen pfiff, konnte man ihn nicht mit einem Seil vom Strand wegziehen. Er wurde ein recht beliebtes Haustier bei den Mücken. Sie warteten darauf, dass er herauskam, und gaben vollkommen braven Spaziergängern den Miss-in-Baulk, nur um für ihn in guter Verfassung zu sein.

Ja, es war ein friedliches Leben, aber am Ende der ersten Woche wünschte ich mir, Jimmy Pinkerton hätte früher kommen können: denn als Gesellschafter war Freddie, der arme alte Kerl, nichts, worüber man meiner Mutter schreiben konnte. Wenn er nicht gerade Pfeife kaute und den Teppich anstarrte, saß er am Klavier und spielte mit einem Finger „The Rosary“. Er konnte nichts außer „The Rosary“ spielen, und davon konnte er nicht viel. Irgendwo um den dritten Takt herum brannte eine Sicherung durch, und er musste wieder von vorne anfangen.

Er spielte es wie üblich eines Morgens, als ich vom Baden hereinkam.

„Reggie“, sagte er mit hohler Stimme und blickte auf, „ ich habe sie gesehen.“

„Haben Sie sie gesehen?“, sagte ich. „Was, Miss West?“

„Ich war unten auf dem Postamt, um die Briefe abzuholen, und wir trafen uns in der Tür. Sie hat mich geschnitten!“

Er begann erneut mit „The Rosary“, rutschte jedoch im zweiten Takt zur Seite aus.

„Reggie“, sagte er, „du hättest mich nie hierher bringen sollen. Ich muss weg.“

„Geh weg?“, sagte ich. „Red nicht so einen Blödsinn. Das ist das Beste, was passieren konnte. Hier gehst du stark hervor.“

„Sie hat mich geschnitten.“

„Macht nichts. Sei ein Sportsmann. Versuch es noch einmal.“

„Sie sah durch mich hindurch sauber aus!“

„Natürlich hat sie das. Aber kümmern Sie sich nicht darum. Legen Sie das Ding in meine Hände. Ich werde Sie durchbringen. Was Sie jetzt wollen“, sagte ich, „ist, dass sie Ihnen gegenüber eine Verpflichtung eingeht. Was Sie wollen, ist, dass sie sich schüchtern bei Ihnen bedankt. Was Sie wollen –“

„Aber wofür wird sie mir schüchtern danken?“

Ich habe einen Moment nachgedacht.

„Halte Ausschau nach einer Chance und rette sie vor dem Ertrinken“, sagte ich.

„Ich kann nicht schwimmen“, sagte Freddie.

Das war Freddie durch und durch, wissen Sie. In tausenderlei Hinsicht ein lieber alter Kerl, aber niemandem eine Hilfe, wenn Sie wissen, was ich meine.

Er drehte das Klavier noch einmal auf und ich sprintete zum Open.

Ich schlenderte hinaus auf den Sand und begann, über die Sache nachzudenken. Es bestand kein Zweifel, dass die Kopfarbeit von mir erledigt werden musste. Der gute alte Freddie hatte seine Stärken. Er war ein Spitzenspieler im Polo, und in glücklicheren Tagen habe ich ihn Katzenkämpfe im Hinterhof imitieren hören, was einen überrascht hätte. Aber abgesehen davon war er kein Mann der Unternehmungslust.

Wissen Sie, ich umrundete gerade ein paar Felsen, und mein Gehirn surrte wie ein Dynamo, als mir ein blaues Kleid ins Auge fiel, und, bei Gott, es war das Mädchen. Ich hatte sie nie getroffen, aber Freddie hatte sechzehn Fotos von ihr in seinem Schlafzimmer verteilt, und ich wusste, dass ich mich nicht irren konnte. Sie saß im Sand und half einem kleinen, dicken Kind, eine Burg zu bauen. Auf einem Stuhl daneben saß eine ältere Dame, die einen Roman las. Ich hörte, wie das Mädchen sie „Tante“ nannte. Also schloss ich, ganz wie Sherlock Holmes, dass das dicke Kind ihre Cousine war. Mir kam der Gedanke, dass Freddie, wenn er dort gewesen wäre, wahrscheinlich versucht hätte, aufgrund dessen Gefühle für das Kind zu entwickeln. Ich persönlich brachte das nicht zustande. Ich glaube nicht, dass ich je ein Kind gesehen habe, das mich weniger sentimental machte. Er war eines dieser runden, prallen Kinder.

Nachdem er mit dem Schloss fertig war, schien ihm das Leben zu langweilig zu werden und er begann zu winseln. Das Mädchen führte ihn zu einem Stand, an dem ein Kerl Süßigkeiten verkaufte. Und ich ging weiter.

Wenn Sie Leute fragen, werden sie Ihnen sagen, dass ich ein Trottel bin. Nun, das stört mich nicht. Ich gebe es zu. Ich *bin* ein Trottel. Alle Peppers waren Trottel. Aber ich sage, dass ich ab und zu, wenn man es am wenigsten erwartet, eine ziemlich zündende Idee habe; und das ist jetzt passiert. Ich bezweifle, dass die Idee, die mir damals kam, auch nur einem einzigen der Dutzend klügsten Kerle, die Sie nennen möchten, gekommen wäre.

Auf dem Rückweg fiel es mir ein. Ich ging am Ufer entlang zurück, als ich sah, wie der dicke Junge nachdenklich mit einer Schaufel auf eine Qualle einschlug. Das Mädchen war nicht bei ihm. Tatsächlich schien niemand in Sicht zu sein. Ich wollte gerade weitergehen, als mir die zündende Idee kam. Ich habe mir die ganze Sache blitzschnell überlegt, wissen Sie. Nach dem, was ich von den beiden gesehen hatte, mochte das Mädchen den Jungen offensichtlich gern, und außerdem war er ihr Cousin, also sagte ich mir Folgendes: Wenn ich diesen jungen Schwergewichtler für den Moment entführe und wenn, während das Mädchen sich schreckliche Sorgen darüber macht, wo er hingekommen sein könnte, plötzlich der gute alte Freddie auftaucht, den Kleinen an der Hand führt und eine Geschichte erzählt, in der es darum geht, dass er ihn gefunden hat, als er frei herumirrte, und ihm praktisch das Leben gerettet hat, dann wird die Dankbarkeit des Mädchens sie dazu bringen, die Feindseligkeiten aufzugeben und wieder Freunde zu werden. Also nahm ich den Jungen mit und machte mich mit ihm davon. Auf dem ganzen Heimweg stellte ich mir diese Szene der Versöhnung vor. Ich konnte sie mir so lebhaft vorstellen, dass es mir, bei Georg , einen Würgereiz verursachte.

Freddie, der liebe alte Kerl, begriff die Feinheiten der Idee nur langsam. Als ich mit dem Kind erschien und es in unserem Wohnzimmer absetzte, sprudelte er nicht geradezu vor Freude, wenn Sie wissen, was ich meine. Das Kind hatte inzwischen angefangen zu brüllen, und der arme alte Freddie schien es ziemlich anstrengend zu finden.

„Hör auf!", sagte er. „Denkst du, außer dir hat niemand Probleme? Was zum Teufel soll das alles, Reggie?"

Der Junge kam mit einem Schrei zurück, der das Fenster klirren ließ. Ich rannte in die Küche und holte ein Glas Honig. Es war das richtige Zeug. Der Junge hörte auf zu brüllen und begann, sich das Zeug ins Gesicht zu schmieren.

„Und?", sagte Freddie, als Stille eingetreten war. Ich erklärte ihm die Idee. Nach einer Weile begann sie ihm zu dämmern.

„Du bist nicht so dumm, wie du manchmal aussiehst, Reggie", sagte er großzügig. „Ich muss sagen, das sieht ziemlich gut aus."

Und er befreite das Kind aus dem Honigglas und nahm es mit nach draußen, um den Strand nach Angela abzusuchen.

Ich weiß nicht, wann ich mich das letzte Mal so glücklich gefühlt habe. Ich mochte den guten alten Freddie so sehr, dass ich mich fühlte, als hätte mir jemand eine Million Pfund hinterlassen, als ich wusste, dass er bald wieder der Alte sein würde. Ich lehnte mich in einem Stuhl auf der Veranda zurück und rauchte friedlich, als ich den alten Jungen die Straße hinunter zurückkommen sah, und, bei Gott, der Junge war immer noch bei ihm. Und Freddie sah aus, als hätte er keinen Freund auf der Welt.

„Hallo!", sagte ich. „Konnten Sie sie nicht finden?"

„Ja, ich habe sie gefunden", antwortete er mit einem dieser bitteren, hohlen Lachen.

"Na dann--?"

Freddie sank in einen Stuhl und stöhnte.

„Das ist nicht ihre Cousine, du Idiot!", sagte er.

„Er ist überhaupt nicht verwandt. Er ist nur ein Junge, den sie zufällig am Strand getroffen hat. Sie hat ihn noch nie zuvor in ihrem Leben gesehen."

„Was? Wer ist er denn?"

„Ich weiß nicht. Oh Gott, ich habe es satt! Gott sei Dank wirst du die nächsten Jahre deines Lebens wahrscheinlich wegen einer Entführung in Dartmoor verbringen . Das ist mein einziger Trost. Ich werde kommen und dich durch die Gitterstäbe verhöhnen."

„Erzähl mir alles, alter Junge", sagte ich.

Er brauchte eine ganze Weile, um die Geschichte zu erzählen, denn er unterbrach sich fast mitten in jedem Satz, um mich zu beschimpfen, aber allmählich begriff ich, was passiert war. Sie hatte wie ein Eisberg zugehört, während er die Geschichte erzählte, die er sich zurechtgelegt hatte, und dann – nun, sie nannte ihn nicht wirklich einen Lügner, aber sie gab ihm in einer Art Allgemeinwissen zu verstehen, dass es sich um das größte Duell aller Zeiten handeln würde, wenn er und Dr. Cook sich jemals zufällig treffen und anfangen würden, Geschichten auszutauschen. Und dann war er mit dem Kind davongekrochen, das bis auf den letzten Splitter abgeleckt worden war.

„Und denken Sie daran, das ist Ihre Angelegenheit", schloss er. „Ich habe damit überhaupt nichts zu tun. Wenn Sie Ihrer Strafe entgehen wollen, suchen Sie am besten die Eltern des Jungen und bringen Sie ihn zurück, bevor die Polizei Sie abholt."

Bei Gott, wissen Sie, bis ich anfing, mit diesem teuflischen Kind durch die Gegend zu ziehen, hätte ich nie geglaubt, dass es so verdammt schwierig sein könnte, ein Kind seinen besorgten Eltern zurückzugeben. Es ist mir ein Rätsel, wie Kidnapper jemals gefasst werden. Ich habe Marvis Bay wie ein Bluthund abgesucht, aber niemand hat sich gemeldet, um das Kind abzuholen. Angesichts des mangelnden Interesses an ihm hätte man meinen können, er würde ganz allein in seiner eigenen Hütte übernachten. Erst als ich durch eine Eingebung auf die Idee kam, den Mann am Süßwarenstand zu fragen, erfuhr ich, dass er Medwin hieß und dass seine Eltern an einem Ort namens Ocean Rest in der Beach Road lebten.

Ich schoss wie ein Pfeil los und klopfte an die Tür. Niemand antwortete. Ich klopfte noch einmal. Ich hörte drinnen Bewegungen, aber niemand kam. Ich wollte gerade den Türklopfer so bearbeiten, dass den Leuten klar wurde, dass ich nicht nur zum Spaß dort stand, als eine Stimme von irgendwo oben rief: „Hallo!"

Ich blickte auf und sah ein rundes, rosa Gesicht mit grauen Schnurrhaaren östlich und westlich davon, das aus einem oberen Fenster herabstarrte.

„Hallo!", rief es erneut.

„Was zum Teufel meinst du mit ‚Hallo'?", sagte ich.

„Du kannst nicht reinkommen", sagte das Gesicht. „Hallo, ist das Tootles?"

„Mein Name ist nicht Tootles und ich möchte nicht hereinkommen", sagte ich. „Sind Sie Mr. Medwin ? Ich habe Ihren Sohn mitgebracht."

„Ich sehe ihn. Guck mal , Tutsch! Papa kann ihn sehen ! "

Das Gesicht verschwand mit einem Ruck. Ich konnte Stimmen hören. Das Gesicht tauchte wieder auf.

"Hallo!"

Ich habe den Kies wie verrückt aufgewirbelt.

„Lebst du hier?", sagte das Gesicht.

„Ich bleibe ein paar Wochen hier."

"Wie heißen Sie?"

„Pfeffer. Aber –"

»Pepper? Irgendeine Verwandtschaft mit Edward Pepper, dem Zechenbesitzer?«

„Mein Onkel. Aber –"

„Ich kannte ihn gut. Der liebe alte Edward Pepper! Ich wünschte, ich wäre jetzt bei ihm."

„Ich wünschte, das wärest du", sagte ich.

Er strahlte zu mir herunter.

„Das ist ein großes Glück", sagte er. „Wir haben uns gefragt, was wir mit Tootles machen sollen. Wir haben hier nämlich Mumps. Meine Tochter Bootles hat gerade Mumps bekommen. Tootles darf nicht der Gefahr einer

Ansteckung ausgesetzt werden. Wir wussten nicht, was wir mit ihm machen sollten. Es war ein großes Glück, dass Sie ihn gefunden haben. Er hat sich von seiner Amme entfernt. Ich würde zögern, ihn einer fremden Person anzuvertrauen, aber Sie sind anders. Jeder Neffe von Edward Pepper genießt mein uneingeschränktes Vertrauen. Sie müssen Tootles zu sich nach Hause nehmen. Das wäre eine ideale Lösung. Ich habe meinem Bruder in London geschrieben, er solle ihn abholen. Er könnte in ein paar Tagen hier sein."

"Mai!"

„Er ist natürlich ein vielbeschäftigter Mann, aber er sollte auf jeden Fall innerhalb einer Woche hier sein. Bis dahin kann Tootles bei Ihnen bleiben. Das ist ein ausgezeichneter Plan. Vielen Dank. Ihre Frau wird Tootles mögen."

„Ich habe keine Frau", schrie ich, doch das Fenster knallte zu, als hätte der Mann mit dem Schnurrbart einen entkommenden Keim entdeckt und ihn gerade noch rechtzeitig abgewehrt.

Ich holte tief Luft und wischte mir die Stirn.

Das Fenster flog erneut auf.

"Hallo!"

Ein etwa eine Tonne schweres Paket traf mich am Kopf und explodierte wie eine Bombe.

„Hast du es mitbekommen?", sagte das Gesicht, das wieder auftauchte. „Du meine Güte, du hast es verpasst! Macht nichts. Du kannst es beim Lebensmittelhändler bekommen. Frag nach Baileys Granulated Breakfast Chips. Tootles nimmt sie zum Frühstück mit ein bisschen Milch. Nimm auf jeden Fall Baileys."

Ich war gebrochen, wenn Sie wissen, was ich meine. Ich akzeptierte die Situation. Ich nahm Tootles bei der Hand und ging langsam davon. Napoleons Rückzug aus Moskau war nebenbei ein Picknick.

Als wir auf die Straße einbogen, trafen wir Freddies Angela.

Ihr Anblick machte auf den Jungen Tootles eine deutliche Wirkung. Er zeigte auf sie und sagte: „ Wah !"

Das Mädchen blieb stehen und lächelte. Ich ließ den Jungen los und er rannte zu ihr.

„Na, Baby?", sagte sie und beugte sich zu ihm hinunter. „Also hat Vater dich wiedergefunden, oder? Dein kleiner Sohn und ich haben heute Morgen am Strand Freundschaft geschlossen", sagte sie zu mir.

Das war das Äußerste. Und dann noch das Interview mit der bärtigen Verrückten, das hat mich so sehr verunsichert, dass sie mir zum Abschied zugenickt hatte und schon halb die Straße hinunter war, bevor ich wieder zu Atem gekommen war, um den Vorwurf, der Vater des Babys zu sein, abstreiten zu können.

Ich hatte nicht erwartet, dass der gute alte Freddie vor Freude singen würde, als er herausfand, was passiert war, aber ich dachte, er hätte etwas mehr männliche Stärke zeigen können. Er sprang auf, starrte den Jungen wütend an und hielt sich den Kopf. Er sprach lange nicht, aber andererseits hörte er, als er einmal angefangen hatte, lange nicht mehr auf. Er war ganz emotional, mein lieber alter Junge. Ich konnte mir nicht vorstellen, woher er solche Ausdrücke hatte.

„Also", sagte er, als er fertig war, „sag etwas! Himmel! Mann , warum sagst du nicht etwas?"

„Du gibst mir keine Chance, alter Knacker", sagte ich beruhigend.

„Was werden Sie dagegen tun?"

"Was können wir dagegen tun?"

„Wir können unsere Zeit nicht damit verbringen, als Krankenschwestern für dieses – dieses Exponat zu fungieren."

Er stand auf.

„Ich gehe zurück nach London", sagte er.

„Freddie!", rief ich. „Freddie, alter Mann!" Meine Stimme zitterte. „Würdest du in einer solchen Situation einen Freund im Stich lassen?"

„Das würde ich. Das ist Ihr Geschäft und Sie müssen es managen."

„Freddie", sagte ich, „du musst zu mir stehen. Das musst du. Ist dir klar, dass dieses Kind ausgezogen, gebadet und wieder angezogen werden muss? Du würdest mich das nicht alles alleine machen lassen? Freddie, alter Pfadfinder, wir waren zusammen in der Schule. Deine Mutter mag mich. Du schuldest mir einen Zehner."

Er setzte sich wieder.

„Na ja", sagte er resigniert.

„Außerdem, alter Knirps", sagte ich, „habe ich das alles deinetwegen getan, weißt du das nicht?"

Er sah mich neugierig an.

„Reggie", sagte er mit angespannter Stimme, „einen Moment. Ich werde einiges ertragen, aber ich werde es nicht ertragen, wenn von mir erwartet wird, dankbar zu sein."

Rückblickend sehe ich, dass mich in dieser Krise meine glänzende Idee, den Großteil des Inhalts des örtlichen Süßwarenladens aufzukaufen, vor Colney Hatch gerettet hat. Indem wir dem Jungen praktisch ununterbrochen Süßigkeiten servierten, schafften wir es, den Rest des Tages ziemlich zufriedenstellend zu überstehen. Um acht Uhr schlief er in einem Stuhl ein, und nachdem wir ihn ausgezogen hatten, indem wir jeden Knopf in Sichtweite aufknöpften und, wo es keine Knöpfe gab, daran zogen, bis etwas nachgab, trugen wir ihn ins Bett.

Freddie stand da und betrachtete den Kleiderstapel auf dem Boden, und ich wusste, was er dachte. Den Jungen auszuziehen war einfach gewesen – eine reine Muskelsache. Aber wie sollten wir ihn wieder anziehen? Ich bewegte den Stapel mit meinem Fuß. Da war ein langes Leinengewirr, das alles Mögliche hätte sein können. Und ein Streifen rosa Flanell, der mit nichts auf der Welt vergleichbar war. Wir sahen uns an und lächelten matt.

Aber am Morgen fiel mir ein, dass im übernächsten Bungalow Kinder waren. Wir gingen vor dem Frühstück dorthin und liehen uns deren Kindermädchen. Frauen sind wunderbar, bei Gott, das sind sie! Sie hatte das Kind in etwa acht Minuten angezogen und zu allem bereit aussehen lassen. Ich überschüttete sie mit Reichtümern und sie versprach, morgens und abends zu kommen. Ich setzte mich fast wieder fröhlich zum Frühstück. Das war der erste Lichtblick, den es bisher an der dunklen Seite gegeben hatte.

„Und schließlich", sagte ich, „spricht es viel dafür, ein Kind im Haus zu haben, wenn Sie wissen, was ich meine. Irgendwie gemütlich und häuslich – was!"

In diesem Moment verschüttete der Junge die Milch über Freddies Hose, und als er nach dem Umziehen zurückkam, begann er darüber zu reden, was für ein vielgeschmähter Mann König Herodes gewesen sei. Je mehr er Tootles sah, sagte er, desto weniger wunderte er sich über seine impulsiven Ansichten zum Thema Kindermord.

Zwei Tage später kam Jimmy Pinkerton vorbei. Jimmy warf einen Blick auf den Jungen, der gerade zufällig heulte, und nahm seinen Koffer

„Für mich", sagte er, „ist es das Hotel. Ich kann keine Dialoge schreiben, wenn so etwas passiert. Wessen Werk ist das? Wer von euch hat diesen kleinen Schatz adoptiert?"

Ich erzählte ihm von Mr. Medwin und den Mumps. Jimmy schien interessiert.

„Vielleicht arbeite ich das für die Bühne aus", sagte er. „Für den zweiten Akt einer Farce wäre das keine schlechte Situation."

„Farce!", knurrte der arme alte Freddie.

„Eher. Vorhang auf für den ersten Akt, den Helden, einen gutmeinenden, halbgaren Idioten, der das Kind entführt. Im zweiten Akt seine Abenteuer damit. Ich werde es heute Abend grob durchgehen. Komm mit und zeig mir das Hotel, Reggie."

Im Gehen erzählte ich ihm den Rest der Geschichte – den Teil mit Angela. Er legte seinen Koffer hin und sah mich durch seine Brille wie eine Eule an.

„Was!", sagte er. „Aber verdammt, das ist ein fertiges Theaterstück. Es ist die alte ‚Tiny Hand'-Geschichte. Immer harmloses Zeug. Getrennte Liebende. Lispelndes Kind. Versöhnung an der kleinen Wiege. Es ist groß. Kind in der Mitte . Mädchen LC; Freddie, vorn auf der Bühne, beim Klavier. Kann Freddie Klavier spielen?"

„Er kann mit einem Finger ein bisschen von ‚The Rosary' spielen."

Jimmy schüttelte den Kopf.

„Nein, wir müssen die leise Musik weglassen. Aber der Rest ist in Ordnung. Schauen Sie hier." Er hockte sich in den Sand. „Dieser Stein ist das Mädchen. Dieses Stück Seetang ist das Kind. Diese Nussschale ist Freddie. Dialog, der zu dem Satz des Kindes führt. Das Kind spricht so etwas wie: ‚ Boofer Lady, liebt ihr Papa ?'. Ausgestreckte Hände. Bild einen Moment halten. Freddie überquert L. und nimmt die Hand des Mädchens. Kloß im Hals hinunterschlucken. Dann große Rede. ‚Ah, Marie' oder wie immer sie heißt – Jane – Agnes – Angela? Sehr gut. ‚Ah, Angela, ist das nicht schon zu lange gegangen? Ein kleines Kind tadelt uns! Angela!' Und so weiter. Freddie muss sich seine eigene Rolle ausdenken. Ich gebe Ihnen nur die allgemeine Gliederung. Und wir müssen einen guten Satz für das Kind finden. , Boofer Lady, liebt ihr Papa ? ‘ ist nicht eindeutig genug. Wir wollen mehr – ah! „‚Kiss Freddie', das ist es. Kurz, knackig und mit Wucht."

„Aber Jimmy, alter Knacker", sagte ich, „der einzige Einwand ist, weißt du, dass es keine Möglichkeit gibt, das Mädchen zum Cottage zu bringen. Sie schneidet Freddie. Sie würde sich ihm nicht einmal eine Meile nähern."

Jimmy runzelte die Stirn.

„Das ist ungeschickt", sagte er. „Na ja, wir müssen es wohl zu einem Außenset machen, statt zu einem Innenset. Wenn wir fertig sind, können wir sie leicht irgendwo am Strand in die Enge treiben. In der Zwischenzeit müssen wir dafür sorgen, dass das Kind die Buchstaben perfekt beherrscht. Erste Probe für Text und Geschäft morgen pünktlich um elf."

Der arme alte Freddie war so niedergeschlagen, dass wir beschlossen, ihm die Idee erst mitzuteilen, wenn wir mit dem Training fertig waren. Er war nicht in der Stimmung, so etwas über sich schweben zu lassen. Also konzentrierten wir uns auf Tootles. Und schon ziemlich früh im Verfahren erkannten wir, dass die einzige Möglichkeit, Tootles für die Sache zu begeistern, darin bestand, Süßigkeiten irgendeiner Art einzuführen, sozusagen als Untermotiv.

„Die größte Schwierigkeit", sagte Jimmy Pinkerton am Ende der ersten Probe, „besteht darin, im Kopf des Jungen eine Verbindung zwischen seinem Text und den Süßigkeiten herzustellen. Wenn er erst einmal die grundlegende Tatsache begriffen hat, dass diese beiden Worte, wenn sie klar ausgesprochen werden, automatisch zu LSD-Tropfen führen, haben wir Erfolg."

Ich habe oft darüber nachgedacht, wie interessant es sein muss, einer dieser Tiertrainer-Johnnies zu sein: die aufkeimende Intelligenz zu stimulieren und solche Sachen. Nun, das hier war genauso aufregend. An manchen Tagen schien uns der Erfolg direkt in die Augen zu starren, und der Junge warf die Leine, als wäre er ein alter Profi. Und dann ging es wieder völlig schief. Und die Zeit verging wie im Flug.

„Wir müssen uns beeilen, Jimmy", sagte ich. „Der Onkel des Jungen könnte jeden Tag kommen und ihn mitnehmen."

„Und wir haben keine Zweitbesetzung", sagte Jimmy. „Da ist was dran. Wir müssen arbeiten! Meine Güte, der Junge ist ein schlechter Schüler. Ich kenne Taubstumme, die die Rolle schneller gelernt hätten."

Ich muss dem Jungen allerdings eines lassen: Er war ein Streber. Misserfolge entmutigten ihn nicht. Immer wenn etwas Süßes in der Nähe war, war er sofort zur Stelle und sagte immer wieder etwas, bis er das bekam, was er wollte. Sein einziger Fehler war seine Unsicherheit. Ich persönlich wäre bereit gewesen, das Risiko einzugehen und bei der ersten Gelegenheit mit der Vorstellung zu beginnen, aber Jimmy sagte nein.

„Wir sind noch lange nicht fertig", sagte Jimmy. „Heute zum Beispiel hat er gesagt: ‚Tritt Freddie'. Damit gewinnt man kein Mädchenherz. Und sie könnte es auch tun. Nein, wir müssen die Produktion noch eine Weile verschieben."

Aber, bei Gott, das taten wir nicht. Schon am nächsten Nachmittag ging der Vorhang auf.

Es war niemandes Schuld – und ganz sicher nicht meine. Es war einfach Schicksal. Freddie hatte sich ans Klavier gesetzt und ich führte den Jungen gerade aus dem Haus, damit er etwas üben konnte, als wir gerade die Veranda erreicht hatten und das Mädchen Angela auf dem Weg zum Strand ankam. Als der Junge sie sah, stieß er seinen üblichen Schrei aus und sie blieb am Fuß der Treppe stehen.

„Hallo, Baby!", sagte sie. „Guten Morgen", sagte sie zu mir. „Darf ich hochkommen?"

Sie wartete nicht auf eine Antwort. Sie kam einfach. Sie schien diese Art von Mädchen zu sein. Sie kam auf die Veranda und fing an, sich um den Jungen zu kümmern. Und zwei Meter entfernt, wohlgemerkt, Freddie, der im Wohnzimmer auf das Klavier einschlug. Es war eine ziemlich beunruhigende Situation, wissen Sie. Freddie konnte jeden Moment auf die Idee kommen, auf die Veranda zu kommen, und wir hatten noch nicht einmal angefangen, seinen Part mit ihm zu proben.

Ich habe versucht, die Szene aufzulösen.

„Wir wollten nur runter zum Strand", sagte ich.

„Ja?", sagte das Mädchen. Sie hörte einen Moment zu. „Sie lassen also Ihr Klavier stimmen?", sagte sie. „Meine Tante hat versucht, einen Klavierstimmer für unseres zu finden. Stört es Sie, wenn ich hineingehe und diesem Mann sage, er soll zu uns kommen, wenn er hier fertig ist?"

„ Äh – noch nicht!", sagte ich. „Noch nicht, wenn es Ihnen nichts ausmacht. Er kann es nicht ertragen, bei der Arbeit gestört zu werden. Das liegt an seinem künstlerischen Temperament. Ich werde es ihm später erzählen."

„Also gut", sagte sie und stand auf, um zu gehen. „Bitten Sie ihn, im Pine Bungalow vorbeizuschauen. West ist der Name. Oh, er scheint angehalten zu haben. Ich schätze, er wird jetzt in einer Minute draußen sein. Ich werde warten."

„Meinst du nicht, sollten wir nicht zum Strand gehen?", sagte ich.

Sie hatte angefangen, mit dem Jungen zu reden, hörte ihn aber nicht. Sie tastete in ihrer Tasche nach etwas.

„Der Strand", plapperte ich.

„Schau mal, was ich dir mitgebracht habe, Baby", sagte sie. Und, meine Güte, weißt du, sie hielt dem Jungen ein Stück Toffee vor die großen Augen, etwa so groß wie der Automobilclub.

Damit war es erledigt. Wir hatten gerade eine lange Probe hinter uns und der Junge war ganz aufgeregt wegen seiner Rolle. Er hat es gleich beim ersten Mal richtig hinbekommen.

„Küss Fweddie !", rief er.

Und die Haustür öffnete sich und Freddie kam auf die Veranda, als hätte er ein Stichwort gehört.

Er sah das Mädchen an, und das Mädchen sah ihn an. Ich sah auf den Boden, und der Junge sah auf das Toffee.

„Küss Fweddie !“, schrie er. „Küss Fweddie !“

Das Mädchen hielt noch immer das Toffee hoch, und der Junge machte das, was Jimmy Pinkerton als „Geschäft mit ausgestreckten Händen“ bezeichnet hätte.

„Küss Fweddie !“, kreischte er.

„Was bedeutet das?“, sagte das Mädchen und wandte sich mir zu.

„Du solltest es ihm lieber geben, weißt du“, sagte ich. „Er wird weitermachen, bis du es tust.“

Sie gab dem Jungen sein Toffee und er beruhigte sich. Der arme alte Freddie stand immer noch mit offenem Mund da und sagte kein Wort.

„Was soll das bedeuten?“, sagte das Mädchen wieder. Ihr Gesicht war rot und ihre Augen funkelten auf eine Art, wissen Sie, die einem das Gefühl gibt, als hätte man keine Knochen mehr in sich, wenn Sie wissen, was ich meine. Sind Sie jemals bei einem Tanz auf das Kleid Ihrer Partnerin getreten und haben es zerrissen und gesehen, wie sie Sie wie ein Engel anlächelte und sagte: „ *Bitte* entschuldigen Sie sich nicht. Es ist nichts“, und dann plötzlich in ihre klaren blauen Augen geblickt und sich gefühlt, als wären Sie auf die Zinken eines Rechens getreten und der Stiel wäre hochgesprungen und hätte Sie ins Gesicht getroffen? Nun, so sah Freddies Angela aus.

„ *Und?* “, sagte sie und ihre Zähne klickten leise.

Ich schluckte. Dann sagte ich, es sei nichts. Dann sagte ich, es sei nicht viel. Dann sagte ich: „Na ja, es war so.“ Und nach ein paar kurzen Bemerkungen über Jimmy Pinkerton erzählte ich ihr alles darüber. Und die ganze Zeit stand Idiot Freddie mit offenem Mund da und sagte kein Wort.

Und das Mädchen sagte auch nichts. Sie stand einfach nur da und hörte zu.

Und dann begann sie zu lachen. Ich habe noch nie ein Mädchen so viel lachen gehört. Sie lehnte sich an die Seite der Veranda und kreischte. Und die ganze Zeit stand Freddie, der Weltmeister im Trotteln, da und sagte nichts.

Also schlich ich mich auf die Treppe zu. Ich hatte alles gesagt, was ich zu sagen hatte, und mir kam es so vor, als stünde hier die Regieanweisung „Abgang“ für meinen Part. Ich gab den armen alten Freddie in Verzweiflung auf. Wenn er nur ein Wort gesagt hätte, wäre vielleicht alles in Ordnung gewesen. Aber da stand er, sprachlos. Was kann man mit so einem Kerl anfangen?

Gerade außerhalb der Sichtweite des Hauses traf ich Jimmy Pinkerton.

„Hallo, Reggie!", sagte er. „Ich wollte gerade zu dir kommen. Wo ist der Junge? Wir müssen heute eine große Probe haben."

„Nicht gut", sagte ich traurig. „Es ist alles vorbei. Die Sache ist vorbei. Der arme, liebe alte Freddie hat sich blamiert und die ganze Show ruiniert."

„Erzähl es mir", sagte Jimmy.

Ich sagte ihm.

„Er hat sich in seinen Zeilen vertan, was?", sagte Jimmy und nickte nachdenklich. „So ist das immer mit diesen Amateuren. Wir müssen sofort zurück. Es sieht schlimm aus, aber es ist vielleicht noch nicht zu spät", sagte er, als wir losfuhren. „Selbst jetzt reichen ein paar wohlgewählte Worte von einem Mann von Welt und –"

„Großer Schotte!", rief ich. „Sehen Sie!"

Vor dem Häuschen standen sechs Kinder, ein Kindermädchen und der Mann vom Lebensmittelladen und starrten. Aus den Fenstern der Häuser gegenüber ragten etwa vierhundert Köpfe beiderlei Geschlechts und starrten. Die Straße hinunter galoppierten fünf weitere Kinder, ein Hund, drei Männer und ein Junge und starrten. Und auf unserer Veranda standen Freddie und Angela, die sich umarmten, und nahmen die Zuschauer so wenig wahr, als wären sie allein in der Sahara.

Der gute alte Freddie war vielleicht etwas oberflächlich in seinen Sprüchen, aber, meine Güte, sein Geschäft war auf jeden Fall ein voller Erfolg!

SAMMLUNG UM OLD GEORGE

Ich glaube, eine der miesesten Affären, in die ich im Laufe meines Lebens, in dem ich mich in die Angelegenheiten anderer Leute eingemischt habe, je verwickelt war, war die Affäre um George Lattaker in Monte Carlo. Ich möchte Sie um nichts in der Welt langweilen, aber ich finde, Sie sollten davon erfahren.

Circe nach Monte Carlo gekommen , die einem alten Sportler namens Marshall gehörte. Unter den Anwesenden waren ich, mein Mann Voules , eine Mrs. Vanderley , ihre Tochter Stella, Mrs. Vanderleys Dienstmädchen Pilbeam und George.

George war ein lieber alter Freund von mir. Tatsächlich war ich es, der ihn in die Party hineingezogen hatte. George sollte nämlich seinen Onkel Augustus treffen, der ihm, da George gerade seinen 25. Geburtstag gefeiert hatte, ein Vermächtnis einer von Georges Tanten übergeben sollte, für das er Treuhänder gewesen war. Die Tante war gestorben, als George noch ein Kind war. George hatte sich auf diesen Termin gefreut, denn obwohl er eine Art Einkommen hatte – ein Einkommen ist schließlich nur ein Einkommen, wohingegen ein Haufen Kobolde ein Haufen ist –, war Georges Onkel in Monte Carlo und hatte George geschrieben, dass er nach London kommen und sich losschnallen würde ; aber mir kam der Gedanke, dass es ein weitaus besserer Plan wäre, wenn George stattdessen zu seinem Onkel nach Monte Carlo ginge. So schlug er zwei Fliegen mit einer Klappe, wissen Sie. Er regelte seine Angelegenheiten und machte gleichzeitig einen schönen Urlaub. Also war George mitgekommen, und als die Schwierigkeiten begannen, ankerten wir im Hafen von Monaco , und Onkel Augustus sollte am nächsten Tag eintreffen.

Rückblickend kann ich sagen, dass die Sache, soweit ich darin verwickelt war, um sieben Uhr morgens begann, als ich durch eine Schlägerei vor meiner Kabinentür aus einem traumlosen Schlaf geweckt wurde. Die Hauptbestandteile waren eine Frauenstimme, die schluchzte und sagte: „Oh, Harold!“, und eine „zornig erhobene“ Männerstimme, wie man so sagt, die ich nach beträchtlichen Schwierigkeiten als die von Voules identifizierte . Ich erkannte sie kaum wieder. In seiner offiziellen Funktion spricht Voules genau so, wie man es von einer Statue erwarten würde, wenn sie es könnte. Privat jedoch entspannte er sich offenbar bis zu einem gewissen Grad, und dass so etwas zu dieser Stunde in meiner Mitte vor sich ging, war zu viel für mich.

„ Stimmt !“ Ich schrie.

Spion Kop hielt ruckartig inne. Es herrschte Stille, dann hörte man in der Ferne leiser werdendes Schluchzen und schließlich klopfte es an der Tür. Voules trat mit diesem eindrucksvollen „Mylord, die Kutsche wartet"-Blick ein, für den ich ihn bezahle. Man hätte nicht geglaubt, dass er auch nur den geringsten Funken Emotionen in sich trug.

„ Voules ", sagte ich, „glaubst du etwa, ich werde Maikönigin? Du hast mich früh gerufen. Es ist erst sieben."

„Ich habe es so verstanden, dass Sie mich rufen wollten, Sir."

„Ich habe dich gerufen, um herauszufinden, warum du draußen diesen Höllenlärm machst."

„Ich schulde Ihnen eine Entschuldigung, Sir. Ich fürchte, ich habe in der Hitze des Gefechts meine Stimme erhoben."

„Es ist ein Wunder, dass du das Dach nicht zum Beben gebracht hast. Wer war das bei dir?"

„Miss Pilbeam , Sir; Mrs. Vanderleys Dienstmädchen."

„Was sollte der ganze Ärger?"

„Ich habe unsere Verlobung gebrochen, Sir."

Ich konnte nicht anders, als zu starren. Irgendwie brachte man Voules nicht mit Verlobungen in Verbindung. Dann wurde mir klar, dass ich kein Recht hatte, mich in seine geheimen Sorgen einzumischen, also wechselte ich das Thema.

„Ich glaube, ich stehe auf", sagte ich.

"Jawohl."

„Ich kann es kaum erwarten, mit den anderen zu frühstücken. Kannst du mir gleich etwas besorgen?"

"Jawohl."

Also frühstückte ich allein und ging dann an Deck, um zu rauchen. Es war ein herrlicher Morgen. Blaues Meer, schimmerndes Casino, wolkenloser Himmel und der ganze Rest des Hippodroms. Bald kamen auch die anderen herein. Stella Vanderley war eine der ersten. Ich fand, dass sie ein bisschen blass und müde aussah. Sie sagte, sie hätte nicht gut geschlafen. Das war der Grund. Wenn Sie nicht Ihre acht Stunden Schlaf bekommen, wo sind Sie dann?

„George gesehen?", fragte ich.

Ich konnte nicht anders, als zu denken, dass der Name sie ein wenig erstarren ließ. Das war seltsam, denn während der ganzen Reise waren sie und George besonders enge Freunde gewesen. Tatsächlich erwartete ich jeden Moment, dass George zu mir kommen und seine kleine Hand in meine legen und flüstern würde: „Ich habe es geschafft, alter Pfadfinder; sie liebt mich !"

„Ich habe Herrn Lattaker nicht gesehen ", sagte sie.

Ich habe das Thema nicht weiter verfolgt. Georges Aktien waren offenbar niedrig,

Der nächste Punkt des Tagesprogramms folgte wenige Minuten später mit der Herausgabe der Morgenzeitungen.

Mrs. Vanderley öffnete ihre Tür und stieß einen Schrei aus.

„Der arme, liebe Prinz!", sagte sie.

„Was für eine schockierende Sache!", sagte der alte Marshall.

„Ich kannte ihn in Wien", sagte Mrs. Vanderley . „Er tanzte himmlisch Walzer."

Dann ging ich zu meinem und sah, worüber sie sprachen. Die Zeitung war voll davon. Es schien, dass Seine Durchlaucht, der Prinz von Sachsenburg-Leignitz (ich wundere mich immer, warum sie diese Kerle „Durchlaucht" nennen), spät in der Nacht zuvor in einer dunklen Straße auf dem Rückweg vom Casino zu seiner Jacht mörderisch angegriffen worden war. Offenbar hatte er sich angewöhnt, ohne Eskorte herumzulaufen, und irgendein Raufbold hatte dies ausgenutzt, sich auf ihn gestürzt und ihn mit ziemlicher Wucht geschlagen. Der Prinz war von einem vorbeigehenden Fußgänger ziemlich übel zugerichtet und bewusstlos auf der Straße liegend gefunden und zu seiner Jacht zurückgebracht worden, wo er noch immer bewusstlos lag.

„Das wird jemandem nichts nützen", sagte ich. „Was bekommt man davon, wenn man eine Durchlaucht schlägt? Ich frage mich, ob sie den Kerl kriegen werden. "

„ Später ", las der alte Marshall, „stellt sich heraus, dass der Fußgänger, der Seine Durchlaucht entdeckte, Mr. Denman Sturgis war, der berühmte Privatdetektiv. Mr. Sturgis hat der Polizei seine Dienste angeboten und ist angeblich im Besitz eines äußerst wichtigen Hinweises. Das ist der Kerl, der den Entführungsfall in Chicago leitete. Wenn es irgendjemandem gelingt, den Mann zu fassen, dann ihm."

Etwa fünf Minuten später, als die anderen gerade zum Frühstück aufbrechen wollten, rief uns ein Boot an und kam längsseits. Ein großer, dünner Mann kam die Gangway herauf. Er blickte sich in der Gruppe um und entdeckte den alten Marshall als wahrscheinlichen Besitzer der Jacht.

„Guten Morgen", sagte er. „Ich glaube, Sie haben einen Mr. Lattaker an Bord – Mr. George Lattaker ?"

„Ja", sagte Marshall. „Er ist unten. Willst du ihn sehen? Wen soll ich sagen?"

„Er kennt meinen Namen nicht. Ich möchte ihn wegen einer dringenden Angelegenheit kurz sprechen."

„Setz dich. Er wird gleich aufstehen. Reggie, mein Junge, geh und beeil dich mit ihm."

Ich ging hinunter in Georges Kabine.

„George, alter Mann!", rief ich.

Keine Antwort. Ich öffnete die Tür und ging hinein. Der Raum war leer. Außerdem war die Koje unbewohnt. Ich weiß nicht, wann ich das letzte Mal überraschter war. Ich ging an Deck.

„Er ist nicht da", sagte ich.

„Nicht da!", sagte der alte Marshall. „Wo ist er denn? Vielleicht ist er zu einem Spaziergang an Land gegangen. Aber er wird bald zum Frühstück zurück sein. Du solltest lieber auf ihn warten. Hast du gefrühstückt? Nein? Dann kommst du zu uns?"

Der Mann versprach das, und genau in diesem Moment ertönte der Gong, und sie marschierten hinunter, sodass ich allein an Deck blieb.

Ich saß da, rauchte und dachte nach, und dann rauchte ich noch ein bisschen weiter, als ich glaubte, jemanden meinen Namen mit einer Art heiserem Flüstern rufen zu hören. Ich blickte über meine Schulter, und, bei Gott, da oben auf der Gangway stand im Abendanzug, bis zu den Augenbrauen staubbedeckt und ohne Hut der liebe alte George.

„Großer Schotte!", rief ich.

„ Pssst !", flüsterte er. „Ist jemand da? "

„Sie sind alle unten beim Frühstück."

Er stieß einen Seufzer der Erleichterung aus, sank in meinen Stuhl und schloss die Augen. Ich betrachtete ihn mitleidig. Der arme alte Junge sah aus wie ein Wrack.

„Das sage ich!", sagte ich und berührte ihn an der Schulter.

Mit einem unterdrückten Schrei sprang er aus dem Stuhl.

„Hast du das getan? Wozu hast du es getan? Was soll das bringen? Wie willst du dir denn jemals beliebt machen, wenn du herumläufst und die Leute an der Schulter berührst? Meine Nerven stehen mir heute Morgen einen Meter weit aus dem Leib, Reggie!"

„Ja, alter Junge?"

„Ich habe letzte Nacht einen Mord begangen."

"Was?"

„So etwas kann jedem passieren. Sobald Stella Vanderley unsere Verlobung aufgelöst hat, habe ich …"

„Ihre Verlobung gelöst? Wie lange wart ihr verlobt?"

„Ungefähr zwei Minuten. Vielleicht war es auch weniger. Ich hatte keine Stoppuhr. Ich habe ihr gestern Abend um zehn im Salon einen Heiratsantrag gemacht. Sie hat meinen Antrag angenommen. Ich wollte sie gerade küssen, als wir jemanden kommen hörten. Ich ging hinaus. Den Flur entlang kam diese teuflische – wie heißt sie noch mal – Mrs. Vanderleys Zofe – Pilbeam . Wurdest du jemals von dem Mädchen, das du liebst, akzeptiert, Reggie?"

„Niemals. Ich wurde Dutzende Male abgewiesen –"

„Dann wirst du nicht verstehen, wie ich mich fühlte. Ich war außer mir vor Freude. Ich wusste kaum, was ich tat. Ich hatte einfach das Gefühl, ich müsste das Nächstbeste küssen. Ich konnte nicht warten. Es könnte die Schiffskatze gewesen sein. War sie aber nicht. Es war Pilbeam ."

„Du hast sie geküsst?"

„Ich habe sie geküsst. Und genau in diesem Moment öffnete sich die Tür des Salons und Stella kam heraus."

"Großartiger Scott!"

„Genau das habe ich gesagt. Mir schoss durch den Kopf, dass Stella, liebes Mädchen, die die Umstände nicht kannte, die Sache vielleicht ein wenig seltsam finden würde. Das tat sie. Sie löste die Verlobung auf, und ich holte das Dingi und ruderte davon. Ich war wütend. Es war mir egal, was aus mir wurde. Ich wollte einfach alles vergessen. Ich ging an Land. Ich – es ist nur möglich, dass ich meinen Kummer ein wenig ertränkt habe. Jedenfalls erinnere ich mich an nichts, außer dass ich mich daran erinnere, wie ich in einer dunklen Straße eine verdammt heftige Schlägerei mit jemandem hatte und jemand fiel und ich fiel und ich mit aller Kraft davonrannte. Ich wachte heute Morgen im Casino-Garten auf. Ich habe meinen Hut verloren."

Ich tauchte nach der Zeitung.

„Lesen Sie", sagte ich. „Da steht alles."

Er las.

„Du meine Güte!", sagte er.

„Du hast Seinen Serene Nibs doch nichts angetan, oder?"

„Reggie, das ist schrecklich."

„Kopf hoch. Man sagt, er wird wieder gesund."

„Das ist egal."

„Bei ihm schon."

Er las die Zeitung noch einmal.

„Da steht, sie haben eine Ahnung."

„Das sagen sie immer."

„Aber – mein Hut!"

„Wie?"

„Mein Hut. Ich muss ihn während der Schlägerei verloren haben. Dieser Mann, Denman Sturgis, muss ihn gefunden haben. Mein Name stand darin!"

„George", sagte ich, „du darfst keine Zeit verschwenden. Oh!"

Er sprang einen Fuß in die Luft.

„Tu das nicht!", sagte er gereizt. „Bellen Sie nicht so. Was ist los?"

"Der Mann!"

"Welcher Mann?"

„Ein großer, dünner Mann mit einem Auge wie ein Bohrer. Er kam kurz vor Ihnen an. Jetzt ist er unten im Salon und frühstückt. Er sagte, er wolle Sie geschäftlich treffen, wollte aber seinen Namen nicht nennen. Er gefiel mir von Anfang an nicht. Es ist dieser Sturgis. Das muss er sein."

"NEIN!"

„Ich fühle es. Ich bin mir sicher."

„Hatte er einen Hut?"

„Natürlich hatte er einen Hut."

„Dummkopf! Ich meine meinen. Hatte er einen Hut dabei?"

„Beim Zeus, er *hatte* ein Paket dabei. George, alter Pfadfinder, du musst dich beeilen. Du musst verschwinden, wenn du den Rest deines Lebens außerhalb des Gefängnisses verbringen willst. Eine Durchlaucht zu schlagen ist *Majestätsbeleidigung* . Es ist schlimmer, als einen Polizisten zu schlagen. Du hast keine Zeit zu verlieren."

„Aber ich habe kein Geld. Reggie, alter Mann, leih mir einen Zehner oder so. Ich muss sofort über die Grenze nach Italien. Ich werde meinem Onkel telegrafieren, dass er mich in …" treffen soll.

„Pass auf", rief ich, „da kommt jemand!"

Er verschwand aus dem Blickfeld, als Voules mit einem Brief auf einem Tablett die Niedergangstreppe heraufkam.

„Was ist los ! ", sagte ich. „Was willst du?"

„Ich bitte um Verzeihung, Sir. Mir war, als hätte ich Mr. Lattakers Stimme gehört. Ein Brief ist für ihn angekommen."

„Er ist nicht hier."

„Nein, Sir. Soll ich den Brief entfernen?"

„Nein, gib es mir. Ich gebe es ihm, wenn er kommt."

"Sehr gut, Herr."

„Oh, Voules ! Sind sie alle noch beim Frühstück? Der Herr, der zu Herrn Lattaker gekommen ist ? Immer noch eifrig bei der Sache?"

„Er ist im Moment mit einem geräucherten Hering beschäftigt, Sir."

„Ah! Das ist alles, Voules ."

"Danke mein Herr."

Er zog sich zurück. Ich rief George und er kam heraus.

"Wer war es?"

„Nur Voules . Er hat dir einen Brief mitgebracht. Sie sind alle noch beim Frühstück. Der Detektiv isst Bücklinge."

„Das wird ihn eine Weile beschäftigen. Voller Knochen." Er begann seinen Brief zu lesen. Beim ersten Absatz stieß er eine Art überraschtes Grunzen aus.

„Also, ich bin gehängt!", sagte er, als er fertig war.

„Reggie, das ist eine komische Sache."

"Was ist das?"

Er reichte mir den Brief, und als ich ihn las, sah ich sofort, warum er gegrunzt hatte. Er lautete folgendermaßen:

„Mein lieber George – ich hoffe, wir sehen uns morgen; aber ich denke, es ist besser, Sie vor unserem Treffen auf eine merkwürdige Situation vorzubereiten, die sich im Zusammenhang mit dem Erbe ergeben hat, das Ihr Vater von Ihrer Tante Emily geerbt hat und das Sie von mir als Treuhänder erwarten, jetzt, da Sie Ihren fünfundzwanzigsten Geburtstag erreicht haben. Sie haben Ihren Vater zweifellos von Ihrem Zwillingsbruder Alfred sprechen hören, der verloren ging oder entführt wurde – was nie festgestellt werden konnte –, als Sie beide Babys waren. Als so viele Jahre lang keine Nachrichten von ihm eintrafen, nahm man an, er sei tot. Gestern jedoch erhielt ich einen Brief, in dem behauptet wurde, er habe die ganze Zeit als Adoptivsohn eines reichen Südamerikaners in Buenos Aires gelebt und erst vor kurzem seine Identität herausgefunden. Er sagt, er sei auf dem Weg zu mir und könne jeden Tag eintreffen. Natürlich kann er sich wie andere Antragsteller als Betrüger erweisen, aber in der Zwischenzeit wird sein Eingreifen, fürchte ich, eine gewisse Verzögerung verursachen, bevor ich Ihnen Ihr Geld aushändigen kann. Es wird notwendig sein, eine gründliche Prüfung der Referenzen usw. vorzunehmen, und das wird einige Zeit dauern. Aber ich werde die Angelegenheit ausführlich mit Ihnen besprechen, wenn wir uns treffen. – Ihr liebevoller Onkel,

„AUGUSTUS ARBUTT.“

Ich habe es zweimal durchgelesen und beim zweiten Mal hatte ich eine dieser Ideen, die mir manchmal kommen, obwohl ich zugegebenermaßen ein Trottel der Königsklasse bin. Ich hatte selten eine so durch und durch berauschende Geistesblitze.

„Aber Alter“, sagte ich, „damit kommst du raus.“

„Wenn du das meinst, dann lasse ich die Hälfte des verdammten Geldes los. Wenn dieser Kerl kein Betrüger ist – und es gibt absolut keinen Grund, das anzunehmen, obwohl ich meinen Vater nie ein Wort über ihn habe sagen hören –, müssen wir das Geld teilen. Tante Emily hat das Geld in ihrem Testament meinem Vater oder, falls er nicht da ist, seinen ‚Nachkommen‘ vermacht. Ich dachte, damit wäre ich gemeint, aber anscheinend sind wir eine ganze Menge. Ich nenne es mies, einem Kerl so in letzter Minute unerwarteten Nachwuchs aufzudrängen.“

„Aber du Trottel“, sagte ich, „das wird dich retten. Es erspart dir deinen spektakulären Sprint über die Grenze. Du musst nur hier bleiben und dein Bruder Alfred sein. Das ist mir blitzschnell eingefallen.“

Er sah mich irgendwie benommen an.

„Du solltest in einer Art Zuhause sein, Reggie.“

„Arsch!“, rief ich. „Verstehst du das nicht? Hast du jemals von Zwillingsbrüdern gehört, die sich nicht genau ähnlich waren? Wer sagt denn, dass du nicht Alfred bist, wenn du schwörst, dass du es bist? Dein Onkel wird dir bestätigen, dass du einen Bruder Alfred hast.“

„Und Alfred wird da sein, um mich einen Lügner zu nennen.“

„Das wird er nicht. Es ist ja nicht so, als ob Sie das für den Rest Ihres Lebens durchhalten müssten. Es ist nur für ein oder zwei Stunden, bis wir diesen Detektiv von der Jacht holen können. Wir segeln morgen früh nach England.“

Endlich schien es ihm klar zu werden. Sein Gesicht hellte sich auf.

„Ich glaube wirklich, dass es funktionieren würde“, sagte er.

„Natürlich würde es funktionieren. Wenn sie Beweise wollen, zeigen Sie ihnen Ihren Maulwurf. Ich könnte schwören, dass George keinen hatte.“

„Und als Alfred sollte ich die Chance bekommen, mit Stella zu sprechen und alles für George in Ordnung zu bringen. Reggie, alter Knirps, du bist ein Genie.“

„Nein, nein.“

"Du *bist* ."

„Na ja, das ist nur manchmal so. Ich kann das nicht durchhalten.“

Und genau in diesem Moment war hinter uns ein leises Husten zu hören. Wir drehten uns um.

„Was zum Teufel machen Sie hier, Voules “, sagte ich.

„Ich bitte um Verzeihung, Sir. Ich habe alles gehört.“

Ich sah George an. George sah mich an.

„ Voules ist in Ordnung“, sagte ich. „Ein anständiger Voules ! Voules würde uns nicht verraten, oder, Voules ?“

"Jawohl."

"Du würdest?"

"Jawohl."

„Aber, Voules , alter Mann“, sagte ich, „seien Sie vernünftig. Was würden Sie davon haben?“

„Finanziell, Sir, nichts.“

„Wenn Sie hingegen schweigen" – ich tippte ihm auf die Brust – „den Mund halten, Voules , und niemandem davon erzählen, Voules , alter Junge, könnten Sie eine beträchtliche Summe gewinnen."

„Soll ich das so verstehen, Sir, dass Sie glauben, Sie könnten meine Selbstachtung kaufen, nur weil Sie reich und ich arm bin?"

„Oh, komm!", sagte ich.

„Wie viel?", sagte Voules .

Also haben wir uns auf die Bedingungen geeinigt. Sie werden nicht glauben, wie der Mann gefeilscht hat. Man hätte gedacht, ein anständiger, treuer Diener wäre erfreut gewesen, einem in einer so kleinen Angelegenheit für einen Fünfer zu helfen. Aber nicht Voules . Auf gar keinen Fall. Er musste hundert Dollar anzahlen und bekam das Versprechen, noch einmal hundert zu zahlen, wenn wir sicher weg wären, bevor er zufrieden war. Aber wir haben es schließlich geregelt, und der arme alte George ging in seine Kabine und zog sich um.

Er war kaum gegangen, als die Frühstücksgesellschaft an Deck kam.

„Haben Sie ihn getroffen?", fragte ich.

„Wen treffen?", sagte der alte Marshall.

„Georges Zwillingsbruder Alfred."

„Ich wusste nicht, dass George einen Bruder hat."

er auch nicht da. Es ist eine lange Geschichte. Er wurde als Kind entführt und alle dachten, er sei tot. George hat gestern einen Brief von seinem Onkel über ihn bekommen. Es würde mich nicht wundern, wenn George dorthin gegangen ist, um seinen Onkel zu besuchen und sich zu informieren. Inzwischen ist Alfred angekommen. Er ist jetzt unten in Georges Kabine und lässt sich auffrischen. Sie werden erstaunt sein, wie ähnlich sie sich sehen. Sie werden zuerst denken, es *sei George. Sehen Sie! Da kommt er.*"

Und George kam herein, gebürstet und sauber, in einem gewöhnlichen Yachtanzug.

Sie waren verunsichert. Daran bestand kein Zweifel. Sie standen da und sahen ihn an, als ob sie dachten, es gäbe irgendwo einen Haken, aber sie waren sich nicht ganz sicher, wo. Ich stellte ihn vor, und sie schauten immer noch zweifelnd drein.

„Mr. Pepper sagt mir, mein Bruder ist nicht an Bord", sagte George.

„Es ist eine erstaunliche Ähnlichkeit", sagte der alte Marshall.

„Ist mein Bruder wie ich?", fragte George freundlich.

„Niemand konnte Sie auseinanderhalten“, sagte ich.

„Ich nehme an, Zwillinge sind sich immer ähnlich“, sagte George. „Aber wenn es jemals zu einer Frage der Identifizierung käme, gäbe es eine Möglichkeit, uns zu unterscheiden. Kennen Sie George gut, Mr. Pepper?“

„Er ist ein lieber alter Kumpel von mir.“

„Du warst vielleicht mit ihm schwimmen?“

„Jeden Tag im letzten August.“

„Na, dann wäre es Ihnen doch aufgefallen, wenn er so ein Muttermal im Nacken gehabt hätte, oder?“ Er drehte sich um, bückte sich und zeigte das Muttermal. Normalerweise verbarg es sein Kragen. Ich hatte es oft gesehen, wenn wir zusammen badeten.

„Hat George so ein Muttermal?“, fragte er.

„Nein“, sagte ich. „Oh nein.“

„Wenn er es getan hätte, wäre es Ihnen aufgefallen?“

„Ja“, sagte ich.

„Das freut mich“, sagte George. „Es wäre lästig, wenn man seine Identität nicht nachweisen könnte.“

Damit schienen sie alle zufrieden zu sein. Sie konnten nicht mehr davon loskommen. Mir kam es so vor, als wäre die Sache von nun an ein Kinderspiel. Und ich glaube, George ging es genauso, denn als der alte Marshall ihn fragte, ob er gefrühstückt habe, verneinte er, ging nach unten und half mit, als hätte er keine Sorgen auf der Welt.

Bis zum Mittagessen lief alles wie am Schnürchen. George saß die meiste Zeit im Schatten auf dem Vordeck und unterhielt sich mit Stella. Als der Gong ertönte und die anderen nach unten gingen, zog er mich zurück. Er strahlte über das ganze Gesicht.

„Es ist alles in Ordnung“, sagte er. „Was habe ich dir gesagt?“

"Was hast du mir erzählt?"

„Aber wegen Stella. Habe ich nicht gesagt, dass Alfred alles für George in Ordnung bringen würde? Ich habe ihr gesagt, dass sie besorgt aussieht, und sie dazu gebracht, mir zu erzählen, was los ist. Und dann –“

„Sie müssen eine blitzartige Geschwindigkeit an den Tag gelegt haben, wenn Sie es geschafft haben, dass sie sich Ihnen anvertraute, nachdem sie Sie erst etwa zwei Stunden kannte.“

„Vielleicht", sagte George bescheiden. „Bis ich zu ihm wurde, hatte ich keine Ahnung, was für ein überzeugender Kerl mein Bruder Alfred war. Jedenfalls erzählte sie mir alles darüber und ich wollte ihr zeigen, dass George im Großen und Ganzen ein ziemlich guter Kerl war, den man nicht wegen einer offensichtlich nur vorübergehenden Geisteskrankheit abweisen sollte. Sie verstand, was ich meinte."

„Und es ist alles in Ordnung?"

„Absolut, wenn wir nur George hervorbringen können. Wie lange hat dieser teuflische Detektiv noch vor, hier zu bleiben? Er scheint Wurzeln geschlagen zu haben."

„Ich nehme an, er glaubt, dass Sie früher oder später zurückkommen werden, und wartet auf Sie."

„Er ist eine echte Plage", sagte George.

Wir waren gerade auf dem Weg zur Niedergangstreppe, um zum Mittagessen unter Deck zu gehen, als uns ein Boot anrief. Wir gingen zur Seite und schauten hinüber.

„Es ist mein Onkel", sagte George.

Ein kräftiger Mann kam die Gangway herauf.

„ Hallo , George!", sagte er. „Hast du meinen Brief bekommen?"

„Ich glaube, Sie verwechseln mich mit meinem Bruder", sagte George. „Mein Name ist Alfred Lattaker ."

"Was ist das?"

„Ich bin Georges Bruder Alfred. Sind Sie mein Onkel Augustus?"

Der stämmige Mann starrte ihn an.

„Sie sind George sehr ähnlich", sagte er.

„Das sagen mir alle."

„Und du bist wirklich Alfred?"

"Ich bin."

„Ich würde gern kurz mit Ihnen übers Geschäft reden."

Er warf mir einen schrägen Blick zu. Ich schlich mich davon und ging nach unten.

Am Fuß der Nebentreppe traf ich Voules .

„Ich bitte um Verzeihung, Sir", sagte Voules . „Wenn es Ihnen passt, würde ich mich freuen, den Nachmittag frei zu haben."

Ich muss sagen, dass mir sein Benehmen ziemlich gut gefiel. Absolut normal. Keine Spur von Mitverschwörung. Ich gab ihm den Nachmittag frei.

Ich aß zu Mittag - George kam nicht - und als ich hinausging, wurde ich von dem Mädchen Pilbeam überrascht . Sie hatte geweint.

„Verzeihung, Sir, aber hat Mr. Voules Sie für den Nachmittag eingeladen?"

Ich verstand nicht, was sie damit anging, aber sie schien darüber ganz aufgeregt zu sein, also erzählte ich es ihr.

„Ja, ich habe ihm den Nachmittag frei gegeben."

Sie brach zusammen – sie brach völlig zusammen. Es war teuflisch unangenehm. In einer solchen Situation bin ich hoffnungslos. Nachdem ich „Na, na!" gesagt hatte, was nicht viel zu helfen schien, hatte ich keine weiteren Bemerkungen zu machen.

„Er sagte, er würde an die Spieltische gehen, um sein gesamtes Erspartes zu verspielen und sich dann zu erschießen, weil er nichts mehr habe, wofür es sich zu leben lohnt."

Plötzlich erinnerte ich mich an die Schlägerei in den frühen Morgenstunden vor meiner Kabinentür. Ich hasse Geheimnisse. Ich wollte der Sache auf den Grund gehen. Ich konnte nicht zulassen, dass ein wirklich erstklassiger Diener wie Voules herumlief und sich einen Schuss setzte. Offenbar steckte das Mädchen Pilbeam hinter der Sache. Ich befragte sie. Sie schluchzte.

Ich befragte sie weiter. Ich blieb hartnäckig. Und schließlich gab sie die Fakten preis. Voules hatte gesehen, wie George sie am Abend zuvor geküsst hatte; das war das Problem.

Die Dinge fügten sich allmählich zusammen. Ich ging hinauf, um George zu interviewen. Der überzeugende Alfred würde einen weiteren Job bekommen. Voules musste beruhigt werden, so wie Stella. Ich konnte es mir nicht leisten, einen Kerl mit seinem Genie zu verlieren, wenn es darum ging, eine Bügelfalte in der Hose zu bewahren.

Ich fand George auf dem Vordeck. Was sagt Shakespeare oder sonst jemand über das Gesicht eines Kerls, das von der blassen Angst übersät ist ? Georges Gesicht war genauso. Er sah grün aus.

„Fertig mit deinem Onkel?", sagte ich.

Er grinste geisterhaft.

„Es gibt keinen Onkel", sagte er. „Es gibt keinen Alfred. Und es gibt kein Geld."

„Erkläre dich, alter Knirps", sagte ich.

„Es wird nicht lange dauern. Der alte Gauner hat jeden Penny des Treuhandvermögens ausgegeben. Er ist seit Jahren dabei, seit ich ein Kind war. Als die Zeit gekommen war, zu blechen, und ich dafür sorgen sollte, dass er es tat, ging er in der Hoffnung auf eine Glückssträhne an die Tische und verlor den letzten Rest des Geldes. Er musste einen Weg finden, mich eine Weile festzuhalten und die Abrechnung hinauszuzögern, während er weg war, und er erfand dieses Zwillingsbruder-Geschäft. Er wusste, dass ich es früher oder später herausfinden würde, aber in der Zwischenzeit könnte er nach Südamerika aufbrechen, was er auch getan hat. Er ist jetzt auf dem Weg."

„Du hast ihn gehen lassen?"

„Was könnte ich tun? Ich kann es mir nicht leisten, so viel Aufhebens zu machen, solange dieser Mann, Sturgi, in der Nähe ist. Ich kann nicht beweisen, dass es keinen Alfred gibt, wenn meine einzige Chance, dem Gefängnis zu entgehen, darin besteht, Alfred zu sein."

„Na ja, jedenfalls haben Sie Ihr Verhältnis zu Stella Vanderley wieder in Ordnung gebracht ", sagte ich, um ihn aufzumuntern.

„Was soll das denn jetzt? Ich habe kaum Geld und keine Aussichten. Wie kann ich sie heiraten?"

Ich habe nachgedacht.

„Für mich sieht es so aus, alter Knirps", sagte ich schließlich, „als ob hier alles ziemlich chaotisch wäre."

„Sie haben es erraten", sagte der arme alte George.

Ich verbrachte den Nachmittag damit, über das Leben nachzudenken. Wenn man darüber nachdenkt, was für eine seltsame Sache das Leben ist! So anders als alles andere, wissen Sie, wenn Sie verstehen, was ich meine. Sie können jeden Moment friedlich umherschlendern, und die ganze Zeit wartet das Leben um die Ecke, um Ihnen etwas zu holen. Sie können nicht sagen, wann Sie es bekommen. Es ist alles verdammt rätselhaft. Da war der arme alte George, ein so gutmeinender Kerl wie nur je, der von der Hand des Schicksals in der Manege herumgeschubst wurde. Warum? Das habe ich mich gefragt. Einfach das Leben, wissen Sie. Das war alles, was es dazu zu sagen gab.

Es war kurz vor sechs, als unser dritter Besucher des Tages eintraf. Wir saßen in der Abendkühle auf dem Achterdeck – der alte Marshall, Denman Sturgis,

Mrs. Vanderley , Stella, George und ich –, als er heraufkam. Wir hatten über George gesprochen, und der alte Marshall hatte vorgeschlagen, es sei ratsam, Suchtrupps auszusenden. Er war besorgt. Stella Vanderley auch . George und ich waren übrigens auch besorgt, nur nicht aus demselben Grund.

Wir diskutierten gerade die Sache, als der Besucher auftauchte. Er war ein gut gebauter, steifer Kerl. Er sprach mit deutschem Akzent.

„Herr Marshall?“, sagte er. „Ich bin Graf Fritz von Cöslin , Stallmeister Seiner Durchlaucht“ – er schlug die Absätze zusammen und salutierte – „des Fürsten von Sachsenburg-Leignitz .“

Mrs. Vanderley sprang auf.

„Na, Graf“, sagte sie, „wie lange ist es her, dass wir uns in Wien getroffen haben? Erinnern Sie sich?“

„Könnte ich das je vergessen? Und der bezaubernden Miss Stella geht es wohl gut, nehme ich an?“

„Stella, erinnerst du dich an Graf Fritz?“

Stella schüttelte ihm die Hand.

„Und wie geht es dem armen, lieben Prinzen?“, fragte Mrs. Vanderley . „Was für ein schreckliches Ereignis!“

„Ich freue mich, mitteilen zu können, dass es meinem hochgeborenen Herrn besser geht. Er ist wieder zu Bewusstsein gekommen, sitzt aufrecht und nimmt Nahrung zu sich.“

„Das ist gut“, sagte der alte Marshall.

„Nur in einem Löffel“, seufzte der Graf. „Mr. Marshall, mit Ihrer Erlaubnis würde ich gern ein Wort mit Mr. Sturgis sprechen.“

„Herr Wer?“

Der Sportler mit den scharfen Augen trat vor.

„Ich bin Denman Sturgis und stehe zu Ihren Diensten.“

„Du verdammte Scheiße! Was machst du hier?“

„Mr. Sturgis“, erklärte der Graf, „hat seine Dienste freiwillig angeboten –“

„Ich weiß. Aber was macht er hier?“

„Ich warte auf Herrn George Lattaker , Herrn Marshall.“

„Wie?“

„Sie haben ihn nicht gefunden?“, fragte der Graf besorgt.

„Noch nicht, Graf; aber ich hoffe, es bald zu tun. Ich weiß jetzt, wie er aussieht. Dieser Herr ist sein Zwillingsbruder. Sie sind Zwillinge."

„Sind Sie sicher, dass dieser Herr nicht Mr. George Lattaker ist?"

George lehnte diesen Vorschlag entschieden ab.

„Verwechseln Sie mich nicht mit meinem Bruder", sagte er. „Ich bin Alfred. Sie können mich an meinem Muttermal erkennen."

Er stellte den Maulwurf zur Schau. Er ging kein Risiko ein.

Der Graf schnalzte bedauernd mit der Zunge.

„Es tut mir leid", sagte er.

George bot ihm keinen Trost an,

„Keine Sorge", sagte Sturgis. „Er wird mir nicht entkommen. Ich werde ihn finden."

„Das tun Sie, Mr. Sturgis, das tun Sie. Und zwar schnell. Finden Sie schnell diesen edlen jungen Mann."

„Was?", rief George.

„Dieser edle junge Mann, George Lattaker , der unter Einsatz seines Lebens meinen hochgeborenen Herrn vor dem Attentäter gerettet hat."

George setzte sich plötzlich hin.

„Ich verstehe nicht", sagte er schwach.

„Wir haben uns geirrt, Mr. Sturgis", fuhr der Graf fort. „Wir sind zu dem Schluss gesprungen – nicht wahr? –, dass der Besitzer des Hutes, den Sie gefunden haben, auch der Angreifer meines hochgeborenen Herrn war. Wir haben uns geirrt. Ich habe die Geschichte aus dem Mund Seiner Durchlaucht selbst gehört. Er ging eine dunkle Straße entlang, als ein maskierter Raufbold auf ihn losging. Zweifellos war er aus dem Casino verfolgt worden, wo er viel gewonnen hatte. Mein hochgeborener Herr war überrascht. Er wurde niedergestreckt. Doch bevor er das Bewusstsein verlor, bemerkte er einen jungen Mann im Abendkleid, der den Hut trug, den Sie gefunden haben und schnell auf ihn zulief. Der Held lieferte sich einen Kampf mit dem Mörder, und mein hochgeborener Herr erinnert sich nicht mehr. Seine Durchlaucht fragt wiederholt: ‚Wo ist mein tapferer Retter?' Seine Dankbarkeit ist fürstlich. Er sucht diesen jungen Mann, um ihn zu belohnen. Ach, Sie sollten stolz auf Ihren Bruder sein, Sir!"

„Danke", sagte George schlaff.

„Und Sie, Mr. Sturgis, müssen Ihre Anstrengungen verdoppeln. Sie müssen das Land absuchen; Sie müssen das Meer absuchen, um George Lattaker zu finden ."

„Er braucht sich diese ganze Mühe nicht zu machen", sagte eine Stimme von der Gangway.

Es war Voules . Sein Gesicht war gerötet, sein Hut war in den Nacken gelegt und er rauchte eine dicke Zigarre.

„Ich sage Ihnen, wo Sie George Lattaker finden !", rief er.

Er starrte George wütend an, der ihn anstarrte.

„Ja, sehen Sie mich an", schrie er. „Sehen Sie mich an. Sie werden nicht der Erste sein, der heute Nachmittag den mysteriösen Fremden anstarrt, der zwei Stunden lang ohne Pause gewonnen hat. Ich werde jetzt mit Ihnen abrechnen, Mr. Blooming Lattaker . Ich werde Ihnen beibringen , wie man einem armen Mann das Herz bricht. Mr. Marshall und meine Herren, heute Morgen war ich an Deck und habe gehört , wie ich plante , Ihnen ein Spiel zu spielen. Sie hatten diesen Herrn dort als Detektiv entdeckt und dafür gesorgt, dass Blooming Lattaker sich als sein eigener Zwillingsbruder ausgibt. Und wenn Sie Beweise wollten, sagt Blooming Pepper ihm, er solle ihnen seinen Maulwurf zeigen, und er würde schwören, dass George keinen hat. Das waren seine Worte. Dieser Mann dort ist George Lattaker , Hesquire , und lassen Sie ihn es leugnen, wenn er kann."

George stand auf.

„Ich habe nicht die geringste Lust, es zu leugnen, Voules ."

„Herr Voules , wenn *es Ihnen* recht ist."

„Das stimmt", sagte George und wandte sich an den Grafen. „Tatsächlich hatte ich nur eine verschwommene Erinnerung an das, was letzte Nacht passiert ist. Ich konnte mich nur daran erinnern, dass ich jemanden niedergeschlagen hatte , und wie Sie kam ich zu dem Schluss, dass ich Seine Durchlaucht angegriffen haben musste."

„Dann sind Sie wirklich George Lattaker ?", fragte der Graf.

"Ich bin."

„Ähm, was soll das alles bedeuten?", fragte Voules .

„Nur, dass ich Seiner Durchlaucht dem Fürsten von Sachsenburg-Leignitz , Herrn Voules , das Leben gerettet habe ."

"Das ist Schwindel!", begann Voules , als es zu einem plötzlichen Ansturm kam und das Mädchen Pilbeam in die Menge stürzte, mich auf den Stuhl des alten Marshall schleuderte und sich in Voules Arme warf .

„Oh, Harold!", rief sie. „Ich dachte, du wärst tot. Ich dachte, du hättest dich erschossen."

Er versuchte, sie abzuschütteln, doch dann überlegte er es sich offenbar anders und ging in den Clinch.

Es war alles verdammt romantisch, wissen Sie, aber es gibt *Grenzen* .

„ Voules , Sie sind gefeuert", sagte ich.

„Wen kümmert das?", sagte er. „Dachten Sie, ich würde jetzt aufhören, da ich ein vermögender Herr bin? Kommen Sie mit, Emma, meine Liebe. Geben Sie einen Monat vorher Bescheid , und ich lade Sie zum Abendessen bei Ciro ein ."

„Und Sie, Herr Lattaker ", sagte der Graf, „darf ich Sie vor meinen hochgeborenen Herrn führen? Er möchte seinem Retter seine Dankbarkeit zeigen."

„Das dürfen Sie", sagte George. „Kann ich meinen Hut haben, Mr. Sturgis?"

Es fehlt nur noch ein bisschen. Nach dem Abendessen kam ich an diesem Abend herauf, um eine zu rauchen, und als ich auf das Vordeck schlenderte, wäre ich beinahe mit George und Stella zusammengestoßen. Sie schienen sich zu streiten.

„Ich bin mir nicht sicher", sagte sie, „ob ich glaube, dass ein Mann so glücklich sein kann, dass er das Nächstbeste in Sichtweite küssen möchte, wie Sie es ausdrücken."

„Nicht wahr?", sagte George. „Nun, zufälligerweise geht es mir gerade genauso."

Ich hustete und er drehte sich um.

„ Hallo , Reggie!", sagte er.

„ Hallo , George!", sagte ich. „Schöne Nacht."

„Wunderschön", sagte Stella.

„Der Mond", sagte ich.

„Zerreißend", sagte George.

„Wunderschön", sagte Stella.

„Und schau dir die Spiegelung der Sterne auf dem –"

George fing meinen Blick auf. „Verpiss dich", sagte er.

Ich bin geplatzt.

GUTES TUN

Haben Sie jemals darüber nachgedacht – und wenn ich sage, darüber nachgedacht, meine ich, dass Sie wirklich sorgfältig über die Frage nachgedacht haben –, wie kühl, frech oder, wenn Sie es vorziehen, wie frech die Frau als Geschlecht ist, von der sie geradezu strotzt? *Ich , bei Gott! Aber dann wurde es mir, bei George, auf eine Weise vor Augen geführt, die, wie ich mir vorstellen kann, nur wenigen Leuten passiert ist. Und die Grenze wurde durch die Sache mit der* Yeardsley- „Venus" erreicht .

Damit Sie die ganze – wie nennen Sie es noch einmal – Situation verstehen, muss ich Ihnen genau erklären, wie die Dinge zwischen Mrs. Yeardsley und mir standen.

Als ich sie kennenlernte, hieß sie Elizabeth Shoolbred . Alte Familie aus Worcestershire, ein Vermögen wert, hübsch wie ein Bild. Ihr Bruder Bill war mit mir in Oxford.

Ich liebte Elizabeth Shoolbred . Ich liebte sie, wissen Sie. Und es gab eine Zeit, etwa eine Woche lang, da waren wir verlobt. Aber gerade als ich anfing, das Leben ernst zu nehmen, Möbelkataloge zu studieren und mich ganz feierlich zu fühlen, wenn das Restaurantorchester „The Wedding Glide" spielte, da machte sie, ich will gehängt werden, nicht Schluss, und einen Monat später heiratete sie einen Burschen namens Yeardsley – Clarence Yeardsley , einen Künstler.

Mit Golf, Billard, ein bisschen Pferderennen und den Jungs im Club, die sich um mich scharten und mich sozusagen aus mir herausholten, kam ich darüber hinweg und betrachtete die Sache als eine geschlossene Seite im Buch meines Lebens, wenn Sie wissen, was ich meine. Es schien mir unwahrscheinlich, dass wir uns wiedersehen würden, da sie und Clarence sich irgendwo auf dem Land niedergelassen hatten und nie nach London kamen, und ich muss gestehen, dass die Wunde, als ich ihren Brief bekam, ziemlich gut verheilt war und ich einigermaßen aufrecht sitzen und Nahrung zu mir nehmen konnte. Um ganz ehrlich zu sein, war ich sogar sehr dankbar, dass die Sache so ausgegangen war, wie sie ausgegangen war.

Der Brief, von dem ich Ihnen erzähle, kam eines Morgens aus heiterem Himmel. Er lautete wie folgt:

„MEIN LIEBER ALTER REGGIE, wie lange es her ist, seit ich dich gesehen habe. Wie geht es dir? Wir haben uns hier in einem absolut perfekten alten Haus mit einem schönen Garten mitten in einer reizenden Gegend niedergelassen. Könntest du nicht für ein paar Tage hierherkommen? Clarence und ich würden uns so freuen, dich zu sehen. Bill ist hier und freut sich riesig, dich wiederzusehen. Er hat erst heute Morgen von dir gesprochen. *Komm* . Melde deinen Zug per Telegramm an, und ich schicke dir den Wagen, um dich abzuholen.

— Mit freundlichen Grüßen ,
E LIZABETH YEARDSLEY.

„PS – Wir können Ihnen frische Milch und frische Eier geben. Denken Sie mal darüber nach!

„PPS – Bill sagt, unser Billardtisch ist einer der besten, an dem er je gespielt hat.

„PPSS – Wir sind nur eine halbe Meile von einem Golfplatz entfernt. Bill sagt, es ist besser als St. Andrews.

„PPSSS – Du *muss* kommen!"

Nun, eines Morgens kommt ein Mann mit ziemlicher Wut zum Frühstück herunter und findet einen solchen Brief von einem Mädchen, das ihm ganz leicht das Leben hätte verderben können! Ich muss gestehen, dass mich das ziemlich erschüttert hat.

Das mit dem Golf hat mich jedoch beruhigt. Ich wusste, dass Bill wusste, wovon er sprach, und wenn er sagte, der Platz sei so toll, musste er etwas Besonderes sein. Also ging ich hin.

Der alte Bill holte mich mit dem Auto am Bahnhof ab. Ich war ihm seit einigen Monaten nicht mehr begegnet und freute mich, ihn wiederzusehen. Und er freute sich offenbar auch, mich zu sehen.

„Gott sei Dank, dass Sie gekommen sind", sagte er, als wir losfuhren. „Ich hatte fast keine Kraft mehr."

„Was ist los, alter Pfadfinder?", fragte ich.

„Wenn ich das künstlerische Dingsbums hätte", fuhr er fort, „wenn mich nicht schon die bloße Erwähnung von Bildern aufschrecken würde, dann wäre es vermutlich nicht so schlimm. Aber so wie es ist, ist es mies!"

„Bilder?"

„Bilder. Sonst wird in diesem Haushalt nichts erwähnt. Clarence ist ein Künstler. Sein Vater auch. Und Sie wissen selbst, wie Elizabeth reagiert, wenn man ihr den Kopf gibt?"

Da fiel mir ein – es war mir vorher nie wieder eingefallen –, dass ich die meiste Zeit mit Elizabeth in Gemäldegalerien verbracht hatte. Während der Zeit, als ich sie mit mir machen ließ, was sie wollte, musste ich ihr wie ein Hund durch eine Galerie nach der anderen folgen, obwohl Bilder für mich Gift sind, genau wie für den alten Bill. Irgendwie war mir nie in den Sinn gekommen, dass sie nach ihrer Heirat mit einem Künstler immer noch so weitermachen würde. Ich hätte gedacht, dass sie inzwischen vom bloßen Anblick eines Bildes genug hätte. Dem alten Bill zufolge war das jedoch nicht der Fall.

„Bei jeder Mahlzeit sprechen sie über Bilder", sagte er. „Ich sage Ihnen, da fühlt man sich wie im Traum. Wie lange sind Sie noch da?"

"Ein paar Tage."

„Nehmen Sie meinen Tipp an und lassen Sie mich Ihnen ein Telegramm aus London schicken. Ich fahre morgen dorthin. Ich habe versprochen, gegen die Schotten zu spielen. Die Idee war, dass ich nach dem Spiel zurückkommen sollte. Aber mit einem Lasso kriegen Sie mich nicht zurück."

Ich habe versucht, auf die positiven Aspekte hinzuweisen.

„Aber Bill, alter Pfadfinder, deine Schwester sagt, hier in der Nähe gibt es einen ganz tollen Golfplatz."

Er drehte sich um, starrte mich an und rannte uns beinahe in die Bank.

„Sie meinen doch nicht im Ernst, dass sie das gesagt hat?"

„Sie sagte, Sie hätten gesagt, es sei besser als St. Andrews."

„Das habe ich. War das alles, was ich gesagt habe?"

„Na, war das nicht genug?"

„Hat sie nicht zufällig erwähnt, dass ich die Worte ‚Ich glaube nicht' hinzugefügt habe?"

„Nein, das hat sie vergessen, mir zu sagen."

„Es ist der schlechteste Kurs in Großbritannien."

Ich war ziemlich fassungslos, wissen Sie. Ob es eine schlechte Angewohnheit ist, die ich mir angewöhnt habe oder nicht, kann ich nicht sagen, aber ich kann einfach nicht auf mein tägliches Golfpensum verzichten, wenn ich nicht in London bin.

Ich habe noch einmal versucht, das Positive zu erkennen.

„Wir müssen es beim Billard austragen", sagte ich. „Ich bin froh, dass der Tisch in Ordnung ist."

„Es kommt darauf an, was Sie gut nennen. Es ist halb so groß und hat einen sieben Zoll langen Schnitt direkt aus dem Balken, wo Clarences Queue abgerutscht ist. Elizabeth hat es mit rosa Seide ausgebessert. Es sieht sehr schick und elegant aus, aber als Billardtisch wertet es das Ding nicht auf."

„Aber sie sagte, Sie hätten gesagt –"

„Das war wohl ein Scherz."

Wir bogen in die Einfahrt eines großen Hauses ein, das weit von der Straße entfernt stand. Es sah in der Dämmerung schwarz und unheimlich aus, und ich kam mir unweigerlich vor wie einer dieser Johnnys, von denen man in Geschichten liest, die zu einsamen Häusern gelockt werden, um zu zocken, und die einen Schrei hören, als sie dort ankommen. Elizabeth kannte mich gut genug, um zu wissen, dass ein besonders guter Golfplatz ein sicherer Anziehungspunkt für mich war. Und sie hatte bewusst mit ihrem Wissen gespielt. Was war das für ein Spiel? Das wollte ich wissen. Und dann kam mir plötzlich ein Gedanke, der mich in kaltem Schweiß aus dem Haus trieb. Sie hatte hier unten ein Mädchen und wollte versuchen, mich zu verheiraten. Ich habe oft gehört, dass junge verheiratete Frauen sich für so etwas interessieren. Natürlich hatte sie gesagt, dass niemand außer Clarence und ihr und Bill und Clarences Vater im Haus sei , aber eine Frau, die den Namen St. Andrews so missbrauchen konnte, wie sie es getan hatte, würde wahrscheinlich nicht auf einer Kleinigkeit beharren.

„Bill, alter Pfadfinder", sagte ich, „hier halten sich doch keine furchtbaren Mädchen oder sonstiger Mist dieser Art auf, oder?"

„Ich wünschte, es gäbe welche", sagte er. „Ich habe leider kein Glück."

Als wir vor der Haustür ankamen, öffnete sie sich und eine Frauengestalt erschien.

„Hast du ihn, Bill?", sagte sie, was mir in meiner gegenwärtigen Gemütsverfassung eine ziemlich unheimliche Art zu sagen schien. So etwas hätte Lady Macbeth zu Macbeth sagen können, wissen Sie.

„Meinst du mich?", sagte ich.

Sie trat ins Licht. Es war Elizabeth, und sie sah genauso aus wie in alten Zeiten.

„Bist du das, Reggie? Ich bin so froh, dass du kommen konntest. Ich hatte Angst, du hättest es vielleicht ganz vergessen. Du weißt, was du bist. Komm mit rein und trink einen Tee."

Wurden Sie schon einmal von einem Mädchen abgewiesen, das später heiratete und dann ihrem Ehemann vorgestellt wurde? Wenn ja, werden Sie verstehen, wie ich mich fühlte, als Clarence plötzlich auf mich zukam. Sie kennen das Gefühl. Wenn Sie von der Heirat hören, sagen Sie sich zuerst: „Ich frage mich, wie er wohl ist." Dann treffen Sie ihn und denken: „Da muss ein Fehler vorliegen. Sie kann *ihn* mir nicht vorgezogen haben!" Das dachte ich, als ich Clarence zum ersten Mal sah.

Er war ein kleiner, dünner, nervös wirkender Kerl von etwa fünfunddreißig Jahren. Sein Haar wurde an den Schläfen grau und war oben strähnig. Er trug einen Kneifer und hatte einen hängenden Schnurrbart. Ich bin selbst kein Bombardier Wells, aber in Gegenwart von Clarence kam ich mir ziemlich verrückt vor. Und Elizabeth, wohlgemerkt, ist eines dieser großen, prächtigen Mädchen, die wie Prinzessinnen aussehen. Ehrlich gesagt glaube ich, dass Frauen das aus purer Boshaftigkeit tun.

„Wie geht es Ihnen, Mr. Pepper? Horch! Können Sie eine miauende Katze hören?", sagte Clarence. Alles in einem Atemzug, wissen Sie .

„Eh?", sagte ich.

„Eine miauende Katze. Ich bin sicher, ich höre eine miauende Katze. Hören Sie!"

Während wir lauschten, öffnete sich die Tür und ein weißhaariger alter Herr kam herein. Er hatte dieselbe Statur wie Clarence, war aber ein älteres Modell. Ich nahm richtig an, dass es Mr. Yeardsley Senior war. Elizabeth stellte uns vor.

„Vater", sagte Clarence, „ist Ihnen draußen eine miauende Katze begegnet? Ich bin mir sicher, dass ich eine Katze miauen gehört habe."

„Nein", sagte der Vater kopfschüttelnd, „keine miauende Katze."

„Ich kann miauende Katzen nicht ertragen", sagte Clarence. „Eine miauende Katze geht mir auf die Nerven!"

„Eine miauende Katze ist so anstrengend", sagte Elizabeth.

„ *Ich* mag miauende Katzen nicht", sagte der alte Mr. Yeardsley .

Das war für den Moment alles, was mit miauenden Katzen zu tun hatte. Sie schienen zu glauben, dass sie das Thema ausreichend abgedeckt hatten, und wandten sich wieder den Bildern zu.

Wir sprachen ununterbrochen über Bilder, bis es Zeit war, sich fürs Abendessen anzuziehen. Zumindest taten sie das. Ich saß einfach nur herum. Dann kam das Thema Bilderdiebstähle zur Sprache. Jemand erwähnte die „Monna Lisa", und dann fiel mir zufällig ein, dass ich, als ich mit dem Zug ausstieg, etwas in der Abendzeitung gelesen hatte, in der es darum ging, dass irgendjemandem irgendwo am Abend zuvor ein wertvolles Gemälde von Einbrechern gestohlen worden war. Es war das erste Mal, dass ich die Chance hatte, mich wirkungsvoll in das Gespräch einzumischen, und ich wollte das Beste daraus machen. Die Zeitung war in der Tasche meines Mantels im Flur. Ich ging und holte sie.

„Hier ist es", sagte ich. „Ein Romney, der Sir Bellamy Palmer gehört –"

Sie riefen alle gleichzeitig „Was!", wie ein Chor. Elizabeth schnappte sich das Papier.

„Lassen Sie mich nachsehen! Ja. ‚Gestern spät in der Nacht drangen Einbrecher in die Residenz von Sir Bellamy Palmer, Dryden Park, Midford , Hants——— ein'"

„Das ist ja hier in der Nähe", sagte ich. „Ich bin durch Midford gefahren –"

„Dryden Park ist nur drei Kilometer von diesem Haus entfernt", sagte Elizabeth. Ich bemerkte, dass ihre Augen funkelten.

„Nur zwei Meilen!", sagte sie. „Das hätten wir sein können! Das hätte die ‚Venus' sein können!"

Der alte Mr. Yeardsley sprang auf seinem Stuhl herum.

„Die ‚Venus'!", rief er.

Sie schienen alle wunderbar aufgeregt zu sein. Mein kleiner Beitrag zum abendlichen Gespräch war ein großer Erfolg.

Warum ich es nicht früher bemerkt habe, weiß ich nicht, aber ich habe die Yeardsley „Venus" erst gesehen, als Elizabeth sie mir nach dem Abendessen zeigte. Als sie mich dorthin führte und das Licht anmachte, schien es unmöglich, dass ich das ganze Abendessen über da gesessen hatte, ohne sie zu bemerken. Aber beim Essen ist meine Aufmerksamkeit ziemlich auf die Speisen gerichtet. Jedenfalls wurde mir ihre Existenz erst bewusst, als Elizabeth sie mir zeigte.

Sie und ich waren nach dem Abendessen allein im Salon. Der alte Yeardsley schrieb im Morgenzimmer Briefe, während Bill und Clarence auf dem halbgroßen Billardtisch mit den rosa Seidentapeten herumtollten. Eigentlich herrschte alles Freude, Fröhlichkeit und Gesang, sozusagen, als Elizabeth, die eine Weile in Gedanken versunken dasaß, sich zu mir beugte und sagte: „Reggie."

Und in dem Moment, als sie es sagte, wusste ich, dass etwas passieren würde. Kennst du dieses Vor-wie-nennst- du-es-nennst- du -es-vor-dem-Vorher, das du manchmal bekommst? Nun, ich habe es damals bekommen.

„Was-o?", sagte ich nervös.

„Reggie", sagte sie, „ich möchte dich um einen großen Gefallen bitten."

"Ja?"

Sie bückte sich, legte ein Holzscheit aufs Feuer und fuhr mit dem Rücken zu mir fort:

„Erinnerst du dich, Reggie, dass du einmal gesagt hast, du würdest alles auf der Welt für mich tun?"

So! Das meinte ich, als ich das über die Frechheit der Frau als Geschlecht sagte. Was ich meine ist, nach dem, was geschehen war, hätte man gedacht, sie hätte es vorgezogen, die tote Vergangenheit ihre Toten begraben zu lassen und dergleichen, was?

Wohlgemerkt, ich *hatte* gesagt, ich würde alles in der Welt für sie tun. Das gebe ich zu. Aber das war eine deutliche Bemerkung aus der Zeit vor Clarence. Er war damals noch nicht auf der Bildfläche erschienen, und es ist logisch, dass ein Kerl, der für ein Mädchen, als er mit ihr verlobt war, ein perfekter fahrender Ritter gewesen sein mag, nicht annähernd so viel Lust hat, sich in diese Richtung zu begeben, wenn sie ihm den Laufpass gegeben und einen Mann geheiratet hat, von dem ihm Vernunft und Instinkt sagen, dass er ein entschiedener Schuft ist.

Mir fiel keine andere Antwort ein als „Oh ja."

„Sie können jetzt etwas für mich tun, wofür ich Ihnen ewig dankbar sein werde."

„Ja", sagte ich.

„Weißt du, Reggie", sagte sie plötzlich, „dass Clarence noch vor ein paar Monaten sehr katzenlieb war?"

„Eh! Also, er scheint immer noch – äh – an ihnen *interessiert zu sein* , was?"

„Jetzt gehen sie ihm auf die Nerven. Alles geht ihm auf die Nerven."

„Manche Leute schwören auf das Zeug, für das überall Werbung gemacht wird –"

„Nein, das würde ihm nichts helfen. Er muss nichts nehmen. Er will etwas loswerden."

„Ich verstehe nicht ganz. Etwas loswerden?"

„Die ‚Venus'", sagte Elizabeth.

Sie blickte auf und bemerkte meinen hervorquellenden Blick.

„Sie haben die ‚Venus' gesehen", sagte sie.

„Nicht, dass ich mich erinnern könnte."

„Dann komm doch ins Esszimmer."

Wir gingen ins Esszimmer und sie schaltete das Licht an.

„Da", sagte sie.

An der Wand neben der Tür – vielleicht war es mir deshalb vorher nicht aufgefallen, denn ich hatte mit dem Rücken dazu gesessen – hing ein großes Ölgemälde. Ich schätze, es war das, was man ein klassisches Bild nennen würde. Was ich meine ist – na ja, Sie wissen, was ich meine. Ich kann nur sagen, dass es komisch ist, dass es mir *nicht* aufgefallen ist.

„Ist das die ‚Venus‘?“, sagte ich.

Sie nickte.

„Wie würde es Ihnen gefallen, das jedes Mal sehen zu müssen, wenn Sie sich zum Essen hinsetzen?“

„Nun, ich weiß nicht. Ich glaube nicht, dass es mich groß betreffen würde. Ich würde mir trotzdem Sorgen machen.“

Sie schüttelte ungeduldig den Kopf.

„Aber Sie sind kein Künstler“, sagte sie. „Clarence ist einer.“

Und dann begann ich, Licht ins Dunkel zu bringen. Was genau das Problem war, verstand ich nicht, aber es hatte offensichtlich etwas mit dem guten alten künstlerischen Temperament zu tun, und davon konnte ich alles glauben. Es erklärt alles. Es ist wie das ungeschriebene Gesetz, wissen Sie, auf das man sich in Amerika beruft, wenn man irgendetwas getan hat, wofür man einen in den Knast schicken will, und man nicht gehen will. Was ich meine, ist, wenn man völlig durchgeknallt ist, es aber nicht bequem findet, in die Irrenanstalt gesteckt zu werden , erklärt man einfach, dass man, als man sagte, man sei eine Teekanne, nur sein künstlerisches Temperament hatte, und sie entschuldigen sich und gehen weg. Also stand ich da, um zu hören, wie das AT Clarence, den Freund der Katze, beeinflusst hatte, und war zu allem bereit.

Und glauben Sie mir, es hatte Clarence schwer getroffen.

Es war so. Es schien, dass der alte Yeardsley ein Amateurkünstler war und dass diese „Venus“ sein Meisterwerk war. Er sagte das und er hätte es wissen müssen. Nun, als Clarence heiratete, hatte er es ihm als Hochzeitsgeschenk gegeben und es mit seinen eigenen Händen dort aufgehängt, wo es stand. So weit, so gut, was? Aber sehen Sie sich die Fortsetzung an. Der temperamentvolle Clarence, ein professioneller Künstler und folglich seinem Vater beim Spiel um Längen voraus, sah Mängel in der „Venus“. Er konnte sie um keinen Preis ertragen. Ihm gefiel die Zeichnung nicht. Ihm gefiel der Gesichtsausdruck nicht. Ihm gefiel die Farbgebung nicht . Tatsächlich wurde ihm beim Anblick ganz schlecht. Doch da er seinem Vater ergeben war und alles tun wollte, anstatt ihm Schmerzen zuzufügen, hatte er es nicht übers Herz bringen können, das Ding im Keller zu lagern, und die Belastung, dreimal täglich mit dem Bild konfrontiert zu werden, hatte begonnen, ihm so sehr zuzusetzen, dass Elizabeth das Gefühl hatte, etwas tun zu müssen.

„Jetzt siehst du", sagte sie.

„In gewisser Weise", sagte ich. „Aber finden Sie nicht, dass das wegen einer Kleinigkeit ziemlich viel Wirbel macht?"

„Oh, verstehst du das denn nicht? Schau mal!" Ihre Stimme wurde leiser, als wäre sie in der Kirche, und sie schaltete ein weiteres Licht an. Es schien auf das Bild neben dem des alten Yeardsley . „Da!", sagte sie. „Das hat Clarence gemalt!"

Sie sah mich erwartungsvoll an, als würde sie darauf warten, dass ich in Ohnmacht falle oder schreie oder so etwas. Ich musterte Clarences Werk mit festem Blick. Es war ein weiteres klassisches Bild. Es kam mir sehr ähnlich vor wie das andere.

Offenbar wurde irgendeine Art von Kunstkritik von mir erwartet, also machte ich mich daran.

„ Ähm – ‚Venus‘?" Ich sagte.

Wohlgemerkt, Sherlock Holmes hätte denselben Fehler gemacht. Ich meine, den Beweisen zufolge.

„Nein. ‚Fröhlicher Frühling‘", fauchte sie. Sie machte das Licht aus. „Ich sehe, du verstehst es auch jetzt noch nicht. Du hattest nie einen Geschmack für Bilder. Als wir zusammen in die Galerien gingen, wärst du viel lieber in deinem Club gewesen."

Das war so wahr, dass ich nichts dazu zu sagen hatte. Sie kam auf mich zu und legte ihre Hand auf meinen Arm.

„Es tut mir leid, Reggie. Ich wollte nicht böse sein. Ich möchte dir nur klarmachen, dass Clarence leidet . Nehmen wir an – nehmen wir an – also, nehmen wir den Fall eines großen Musikers. Nehmen wir an, ein großer Musiker müsste sich Tag für Tag eine billige, vulgäre Melodie anhören – dieselbe Melodie –, würde man nicht erwarten, dass seine Nerven zusammenbrechen! Nun, genauso ist es mit Clarence. Verstehst du jetzt?"

"Ja aber--"

„Aber was? Ich habe es doch klar genug ausgedrückt?"

„Ja. Aber was ich meine ist: Wo komme ich ins Spiel? Was soll ich tun?"

„Ich möchte, dass du die ‚Venus‘ stiehlst."

Ich sah sie an.

"Du willst mich auch--?"

„Stiehl es, Reggie!" Ihre Augen glänzten vor Aufregung. „Verstehst du nicht? Das ist Vorsehung. Als ich dich bat, hierher zu kommen, hatte ich gerade die Idee. Ich wusste, dass ich mich auf dich verlassen konnte. Und dann findet wie durch ein Wunder dieser Raubüberfall auf den Romney in einem Haus statt, das keine drei Kilometer entfernt liegt. Damit wird dem armen alten Mann die letzte Chance genommen, etwas zu ahnen und sich verletzt zu fühlen. Das ist das schönste Kompliment für ihn. Denk mal nach! In einer Nacht stehlen Diebe einen prächtigen Romney, in der nächsten nimmt dieselbe Bande seine ‚Venus‘. Das wird der stolzeste Moment seines Lebens sein. Mach es heute Nacht, Reggie. Ich gebe dir ein scharfes Messer. Du schneidest einfach die Leinwand aus dem Rahmen und fertig.“

„Aber einen Moment", sagte ich. „Ich würde mich freuen, Ihnen irgendwie behilflich sein zu können, aber wäre es bei einer rein familiären Angelegenheit wie dieser nicht besser – wie wäre es, wenn wir den alten Bill zu diesem Thema ansprechen würden?“

„Ich habe Bill schon gefragt. Gestern. Er hat abgelehnt.“

„Aber wenn ich erwischt werde?“

„Das kann nicht sein. Du brauchst nur das Foto zu machen, eines der Fenster zu öffnen, es offen zu lassen und in dein Zimmer zurückzukehren.“

Es klang ziemlich einfach.

„Und was das Bild selbst betrifft – wenn ich es habe?“

„Verbrenne es. Ich werde dafür sorgen, dass in deinem Zimmer ein schönes Feuer ist.“

"Aber--"

Sie sah mich an. Sie hatte immer die wundervollsten Augen.

„Reggie", sagte sie; mehr nicht. Einfach nur „Reggie“.

Sie sah mich an.

„Nun, wenn Sie verstehen, was ich meine – Die Tage, die es nicht mehr gibt, wissen Sie. Auld Lang Syne und all diese Dinge. Können Sie mir folgen?“

„Na gut", sagte ich. „Ich mache das.“

Ich weiß nicht, ob Sie zufällig einer dieser Johnnys sind, die in Verbrechen und so weiter verwickelt sind und sich nichts dabei denken, Diamantketten zu klauen. Wenn nicht, werden Sie verstehen, dass ich viel weniger Lust auf die Arbeit hatte, die ich übernommen hatte, als ich in meinem Zimmer saß und darauf wartete, dass es losgeht, als als ich versprach, sie im Esszimmer in Angriff zu nehmen. Auf dem Papier schien alles ziemlich einfach zu sein, aber ich konnte das Gefühl nicht loswerden, dass es irgendwo einen Haken gab, und ich habe noch nie erlebt, dass die Zeit langsamer verging. Der Startschuss war für ein Uhr morgens angesetzt, wenn man erwarten würde, dass die Familie ziemlich fest schlief, aber um Viertel vor konnte ich es nicht mehr ertragen. Ich zündete die Laterne an, die ich von Bills Fahrrad genommen hatte, griff nach meinem Messer und schlich die Treppe hinunter.

Das erste, was ich tat, als ich ins Esszimmer kam, war, das Fenster zu öffnen. Ich hatte fast Lust, es einzuschlagen, um der Sache noch ein bisschen Lokalkolorit zu verleihen , entschied mich aber wegen des Lärms dagegen. Ich hatte meine Laterne auf den Tisch gestellt und wollte gerade danach greifen, als etwas passierte. Was es war, hätte ich im Moment nicht sagen können. Es könnte eine Explosion oder ein Erdbeben gewesen sein. Irgendein fester Gegenstand versetzte mir einen furchtbaren Schlag aufs Kinn. Funken und solche Dinge sprühten in meinem Kopf, und das Nächste, woran ich mich erinnere, ist, dass mir etwas Nasses und Kaltes ins Gesicht spritzte, und dass ich eine Stimme hörte, die wie die des alten Bill klang, die sagte: „Fühlst du dich jetzt besser?"

Ich setzte mich auf. Das Licht war an und ich lag auf dem Boden. Neben mir kniete der alte Bill mit einem Soda-Siphon.

„Was ist passiert?", sagte ich.

„Es tut mir schrecklich leid, alter Mann", sagte er. „Ich hatte keine Ahnung, dass Sie es waren. Ich kam hier herein und sah eine Laterne auf dem Tisch und das Fenster offen und einen Kerl mit einem Messer in der Hand, also blieb ich nicht stehen, um Fragen zu stellen. Ich ließ einfach mit aller Kraft an seinem Kiefer los. Was in aller Welt glauben Sie, was Sie da tun? Sind Sie schlafgewandelt?"

„Es war Elizabeth", sagte ich. „Aber du weißt doch alles darüber. Sie sagte, sie hätte es dir erzählt."

„Du meinst doch nicht …"

„Das Bild. Du wolltest es nicht annehmen, also hat sie mich gefragt."

„Reggie, alter Mann", sagte er. „Ich werde nie wieder glauben, was man über Reue sagt. Das ist ein Narrentrick und bringt alles durcheinander. Wenn ich nicht bereut hätte und gedacht hätte, dass es ziemlich hart von Elizabeth war, so eine Kleinigkeit nicht für sie zu tun, und dann doch hierhergekommen wäre, um es zu tun, hättest du diesen Schlafmacher nicht mit deinem Kinn gestoppt. Es tut mir leid."

„Ich auch", sagte ich und schüttelte noch einmal den Kopf, um sicherzugehen, dass es noch an war.

"Fühlst du dich jetzt besser?"

„Besser als ich war. Aber das heißt nicht viel."

„Möchtest du noch etwas Sodawasser? Nein? Nun, wie wär's, wenn wir diese Arbeit zu Ende bringen und dann ins Bett gehen? Und lass uns auch schnell sein. Du hast einen Lärm gemacht wie eine Tonne Ziegelsteine, als du gerade runtergegangen bist, und es ist möglich, dass einige der Diener das gehört haben. Wer schnitzt, den hauen wir raus."

„Köpfe."

„Zahl ist es", sagte er und deckte die Münze auf. „Steh auf. Ich halte das Licht. Pass auf, dass du dir nicht das Schwert aufschießt."

Es war so einfach, wie Elizabeth gesagt hatte. Nur vier schnelle Schnitte, und das Ding kam wie eine Auster aus seinem Rahmen. Ich rollte es zusammen. Der alte Bill hatte die Laterne auf den Boden gestellt und stand an der Anrichte, um Whisky, Soda und Gläser einzusammeln.

„Wir haben einen langen Abend vor uns", sagte er. „Ein Bild dieser Größe kann man nicht in einem Stück verbrennen. Man würde den Schornstein in Brand setzen. Lassen Sie es uns gemütlich angehen. Clarence kann uns das Zeug nicht missgönnen. Wir haben ihm auf dieser Reise etwas Gutes getan. Morgen wird der verrückteste, fröhlichste Tag von Clarences frohem neuen Jahr sein. Auf geht's."

Wir gingen in mein Zimmer, rauchten und plauderten, nippten an unseren Getränken und schnitten ab und zu ein Stück vom Bild ab und schoben es ins Feuer, bis es ganz weg war. Und bei all der Gemütlichkeit , dem fröhlichen Feuer und dem angenehmen Gefühl, heimlich Gutes zu tun , kann ich mich nicht erinnern, wann ich seit den Tagen, als wir in meinem Arbeitszimmer in der Schule Bier gebraut haben, eine fröhlichere Zeit gehabt habe.

Wir hatten gerade die letzte Scheibe aufgelegt, als Bill sich plötzlich aufsetzte und meinen Arm packte.

„Ich habe etwas gehört", sagte er.

Ich lauschte, und, bei Gott, ich hörte auch etwas. Mein Zimmer lag direkt über dem Esszimmer, und das Geräusch drang ganz deutlich zu uns herauf. Verstohlene Schritte, bei Gott! Und dann fiel ein Stuhl um.

„Da ist jemand im Esszimmer", flüsterte ich.

Es gibt einen bestimmten Typ Mensch, der Freude daran hat, Ärger zu machen. Der alte Bill ist so. Wäre ich allein gewesen, hätte ich etwa drei Sekunden gebraucht, um mich davon zu überzeugen, dass ich doch nichts gehört hatte. Ich bin ein friedlicher Typ und glaube an Leben und Lebenlassen und so weiter. Für den alten Bill war ein Besuch von Einbrechern jedoch das reinste Vergnügen. Er sprang sofort aus seinem Stuhl.

„Komm", sagte er. „Bring den Schürhaken mit."

Ich habe auch die Zange mitgenommen. Mir war danach. Der alte Bill hat das Messer am Kragen befestigt. Wir schlichen die Treppe hinunter.

„Wir reißen die Tür auf und stürmen los", sagte Bill.

„Und wenn sie schießen, alter Scout?"

„Einbrecher schießen nie", sagte Bill.

Das war beruhigend, vorausgesetzt, die Einbrecher wussten davon.

Der alte Bill packte den Griff, drehte ihn schnell und fuhr hinein. Und dann hielten wir abrupt an und starrten.

Bis auf einen schwachen Lichtfleck am anderen Ende war das Zimmer dunkel. Auf einem Stuhl vor Clarences „Jocund Spring" stand der alte Mr. Yeardsley in Hausschuhen und grauem Morgenmantel. In einer Hand hielt er eine Kerze, in der anderen streckte er ein Messer nach oben. Er hatte gerade einen letzten Schnitt gemacht, als wir hereinstürmten. Bei dem Geräusch drehte er sich um, blieb stehen und fiel zusammen mit dem Stuhl, der Kerze und dem Bild auf einen Haufen. Die Kerze erlosch.

„Was in aller Welt?", sagte Bill.

Mir ging es genauso. Ich nahm die Kerze und zündete sie an, und dann geschah etwas Furchtbares. Der alte Mann rappelte sich auf, sackte plötzlich in einen Stuhl und begann wie ein Kind zu weinen. Natürlich sah ich, dass es nur das künstlerische Temperament war, aber glauben Sie mir, es war trotzdem teuflisch unangenehm. Ich sah den alten Bill an. Der alte Bill sah mich an. Wir schlossen schnell die Tür und wussten danach nicht, was wir tun sollten. Ich sah, wie Bill auf die Anrichte sah, und ich wusste, wonach er suchte. Aber wir hatten den Siphon nach oben gebracht, und seine Vorstellungen von Erster Hilfe beschränkten sich nicht auf das Spritzen von Sodawasser. Wir warteten einfach, und bald darauf schaltete der alte Yeardsley ab, setzte sich auf und begann hastig zu reden.

„Clarence, mein Junge, ich war versucht. Es war dieser Einbruch in Dryden Park. Es hat mich versucht. Es hat alles so einfach gemacht. Ich wusste, dass du es derselben Bande zuschreiben würdest, Clarence, mein Junge. Ich —"

An diesem Punkt schien ihm klar zu werden, dass Clarence nicht unter den Anwesenden war.

„Clarence?", sagte er zögernd.

„Er ist im Bett", sagte ich.

„Im Bett! Dann weiß er es nicht? Sogar jetzt noch – Junge Männer, ich liefere mich euch aus. Seid nicht so hart zu mir. Hört zu." Er griff nach Bill, der zur Seite trat. „Ich kann alles erklären – alles."

Er schluckte.

„Ihr beiden jungen Männer seid keine Künstler, aber ich werde versuchen, euch verständlich zu machen, euch klarzumachen, was mir dieses Bild bedeutet. Ich habe zwei Jahre damit verbracht, es zu malen. Es ist mein Kind. Ich habe es aufwachsen sehen. Ich habe es geliebt. Es war ein Teil meines Lebens. Nichts hätte mich dazu bewegt, es zu verkaufen. Und dann heiratete Clarence, und in einem verrückten Moment gab ich ihm meinen Schatz. Ihr könnt nicht verstehen, ihr beiden jungen Männer, welche Qualen ich erlitten habe. Die Sache war erledigt. Es war unwiderruflich. Ich sah, wie sehr Clarence das Bild schätzte. Ich wusste, dass ich mich nie dazu durchringen könnte, ihn darum zu bitten. Und doch war ich ohne es verloren. Was konnte ich tun? Bis heute Abend sah ich keine Hoffnung. Dann kam diese Geschichte vom Diebstahl des Romney aus einem Haus ganz in der Nähe, und ich sah meinen Weg. Clarence würde niemals Verdacht schöpfen. Er würde den Raub derselben Verbrecherbande zuschreiben, die den Romney gestohlen hatte. Als mir die Idee einmal gekommen war, konnte ich sie nicht mehr vertreiben. Ich kämpfte dagegen an, aber vergebens. Schließlich gab ich nach und schlich hierher, um meinen Plan auszuführen. Du hast mich gefunden." Er packte mich erneut, diesmal nach mir, und packte mich am Arm. Er hatte einen Griff wie ein Hummer. „Junger Mann", sagte er, „Sie würden mich nicht verraten? Sie würden es Clarence nicht sagen?"

Wissen Sie, der arme alte Kerl tat mir mittlerweile schrecklich leid, aber ich dachte, es wäre am nettesten, ihm die Wahrheit zu sagen, statt sie ihm schrittweise beizubringen.

„Ich werde kein Wort zu Clarence sagen, Mr. Yeardsley ", sagte ich. „Ich verstehe Ihre Gefühle vollkommen. Das künstlerische Temperament und all diese Dinge. Ich meine – was? *Ich* weiß. Aber ich habe Angst – Nun , sehen Sie mal!"

Ich ging zur Tür und schaltete das elektrische Licht an, und da standen die beiden leeren Bilderrahmen, die ihm direkt ins Gesicht starrten. Er stand da und starrte sie schweigend an. Dann stieß er eine Art keuchendes Grunzen aus.

„Die Bande! Die Einbrecher! Sie *waren* hier und haben Clarences Foto mitgenommen!" Er hielt inne. „Es hätte meines sein können! Meine Venus!", flüsterte er. Es wurde immer furchtbarer, wissen Sie, aber er musste die Wahrheit wissen.

„Es tut mir schrecklich leid, wissen Sie", sagte ich. „Aber es *war* …"

Er erschrak, der arme alte Kerl.

„Äh? Was meinst du?"

„Sie *haben* dir deine Venus genommen."

„Aber ich habe es hier."

Ich schüttelte den Kopf.

„Das ist ‚Jocund Spring' von Clarence", sagte ich.

Er sprang darauf und richtete es auf.

„Was? Wovon redest du? Glaubst du, ich kenne mein eigenes Bild nicht – mein Kind – meine Venus? Sieh mal! Meine eigene Unterschrift in der Ecke. Kannst du lesen, Junge? Schau: ‚Matthew Yeardsley '. Das ist *mein* Bild!"

Und – also, bei Gott, das *war es* , wissen Sie!

Also brachten wir ihn und seine höllische Venus ins Bett und machten es uns gemütlich, um uns die Lage genau anzuschauen. Bill sagte, es sei meine Schuld, dass ich das falsche Bild in die Hände bekommen hatte, und ich sagte, es sei Bills Schuld, dass er mir so einen Kinnhaken verpasst hatte, dass ich nicht sehen konnte, was ich da in die Hände bekam, und dann herrschte eine Weile ziemliches Schweigen.

„Reggie", sagte Bill schließlich, „was genau denkst du darüber, Clarence und Elizabeth beim Frühstück gegenüberzustehen?"

„Alter Pfadfinder", sagte ich. „Das habe ich mir auch gedacht."

„Reggie", sagte Bill, „ich weiß zufällig, dass ein Milchzug Midford um Viertel nach drei verlässt. Das ist kein Fliegerzug. Er kommt gegen halb zehn in London an. Na ja – äh – unter diesen Umständen, wie wäre es?"

Die Tante und der Faule

Jetzt, wo alles vorbei ist, kann ich auch zugeben, dass es während der ziemlich komischen Affäre mit Rockmetteller Todd eine Zeit gab, in der ich dachte, Jeeves würde mich enttäuschen. Der Mann wirkte verblüfft.

Jeeves ist mein Mann, wissen Sie. Offiziell kassiert er seinen Wochenlohn für das Bügeln meiner Kleidung und dergleichen, aber eigentlich ist er eher das, was der Dichter Johnnie einen Vogel aus seinem Bekanntenkreis nannte, der sich in Zeiten der Not um ihn scharte – ein Führer, wissen Sie, ein Philosoph, wenn ich mich recht erinnere, und – so bilde ich es mir ein – ein Freund. Ich verlasse mich auf Schritt und Tritt auf ihn.

Als Rocky Todd mir von seiner Tante erzählte, zögerte ich natürlich nicht. Jeeves war von Anfang an mit in die Sache verwickelt.

Die Affäre mit Rocky Todd brach an einem frühen Frühlingsmorgen aus. Ich lag im Bett und erholte mich gerade von den guten alten Taschentüchern, die ich nach neun Stunden Traumlosigkeit gespürt hatte, als die Tür aufflog und jemand mir in die unteren Rippen stieß und anfing, die Bettdecke aufzuschütteln. Nachdem ich ein wenig geblinzelt und mich im Großen und Ganzen wieder zusammengerissen hatte, entdeckte ich Rocky und mein erster Eindruck war, dass es sich um einen schrecklichen Traum handelte.

Rocky lebte nämlich irgendwo unten auf Long Island, meilenweit von New York entfernt; und nicht nur das, er hatte mir selbst mehr als einmal erzählt, dass er nie vor zwölf und selten vor eins aufstand. Von Natur aus der faulste junge Teufel Amerikas, hatte er einen Lebensweg gefunden, der es ihm ermöglichte, in dieser Hinsicht bis an die Grenzen zu gehen. Er war ein Dichter. Zumindest schrieb er Gedichte, wenn er etwas tat; aber die meiste Zeit verbrachte er, soweit ich es erkennen konnte, in einer Art Trance. Er erzählte mir einmal, dass er stundenlang auf einem Zaun sitzen, einen Wurm beobachten und sich fragen konnte, was in aller Welt er vorhatte.

Er hatte seinen Lebensplan bis ins kleinste Detail ausgearbeitet. Etwa einmal im Monat nahm er sich drei Tage Zeit, um ein paar Gedichte zu schreiben; die anderen dreihundertneunundzwanzig Tage des Jahres ruhte er sich aus. Ich wusste nicht, dass man mit Poesie genug Geld verdienen konnte, um einen Kerl zu ernähren, selbst wenn man so lebte wie Rocky; aber es scheint, dass amerikanische Verleger um das Zeug kämpfen , wenn man sich auf die Ermahnung junger Männer beschränkt, ein anstrengendes Leben zu führen und keine Reime hineinzuzwängen. Rocky zeigte mir einmal eines seiner Werke. Es begann:

Sei!
Sei! Die Vergangenheit ist tot. Morgen ist nicht geboren. Sei heute! Heute!

Sei mit jedem Nerv,
        Mit jedem Muskel,
        Mit jedem Tropfen deines roten Blutes!
Sei!

Es war gegenüber dem Titelbild einer Zeitschrift abgedruckt, mit einer Art Schriftrolle darum herum und einem Bild in der Mitte eines ziemlich nackten Kerls mit prallen Muskeln, der die aufgehende Sonne fröhlich anschaute. Rocky sagte, sie hätten ihm hundert Dollar dafür gegeben, und er sei über einen Monat lang bis vier Uhr nachmittags im Bett geblieben.

Was die Zukunft anging, war er ziemlich solide aufgestellt, da er eine vermögende Tante hatte, die irgendwo in Illinois lebte. Da er nach ihr Rockmetteller genannt worden war und ihr einziger Neffe war, hatte er eine ziemlich solide Stellung. Er erzählte mir, dass er, wenn er einmal zu Geld gekommen sei, überhaupt nicht arbeiten wolle, außer vielleicht ab und zu ein Gedicht, in dem er dem jungen Mann, dem das Leben mit all seinen herrlichen Möglichkeiten offen stehe, empfahl, sich eine Pfeife anzuzünden und seine Füße auf den Kaminsims zu legen.

Und das war der Mann, der mir im Morgengrauen in die Rippen stieß!

„Lies das, Bertie!" Ich konnte gerade noch erkennen, dass er mir mit einem Brief oder etwas ähnlich Gemeinem vor der Nase herumfuchtelte. „Wach auf und lies das!"

Ich kann nicht lesen, bevor ich meinen Morgentee getrunken und eine Zigarette geraucht habe. Ich tastete nach der Klingel.

Jeeves kam herein und sah so frisch aus wie ein taufrisches Veilchen. Es ist mir ein Rätsel, wie er das macht.

„Tee, Jeeves."

"Sehr gut, Herr."

Er floss lautlos aus dem Zimmer – wenn er sich bewegt, erweckt er immer den Eindruck einer flüssigen Substanz, und ich bemerkte, dass Rocky wieder mit seinem bestialischen Brief herumschwirrte.

„Was ist los?", fragte ich. „Was in aller Welt ist los?"

"Lies es!"

„Ich kann nicht. Ich habe meinen Tee noch nicht getrunken."

„Na, dann hör mal zu."

„Von wem ist es?"

"Meine Tante."

An diesem Punkt schlief ich wieder ein. Ich wachte auf und hörte ihn sagen:

„Also, was in aller Welt soll ich tun?"

Jeeves kam mit dem Tablett hereinträpfelnd wie ein stiller Bach, der durch sein moosiges Bett mäandert, und ich sah das Tageslicht.

„Lies es noch einmal, Rocky, alter Knirps", sagte ich. „Ich möchte, dass Jeeves es hört. Mr. Todds Tante hat ihm einen ziemlich komischen Brief geschrieben, Jeeves, und wir möchten deinen Rat."

"Sehr gut, Herr."

Er stand mitten im Raum und zeigte seine Hingabe für die Sache, und Rocky begann erneut:

„MEIN LIEBER ROCKMETTELLER. – Ich habe lange über die Dinge nachgedacht und bin zu dem Schluss gekommen, dass es sehr rücksichtslos von mir war, so lange zu warten, bevor ich das tat, was ich mir jetzt vorgenommen habe."

„Was halten Sie davon, Jeeves?"

„Im Moment scheint es ein wenig unklar, Sir, aber es wird sich zweifellos zu einem späteren Zeitpunkt im Verlauf der Kommunikation klären."

„Es wird so klar wie Schlamm!", sagte Rocky.

„Weiter, alter Pfadfinder", sagte ich und kaute auf meinem Butterbrot herum.

„Sie wissen, wie sehr ich mich mein ganzes Leben lang danach gesehnt habe, New York zu besuchen und das wundervolle, heitere Leben, von dem ich so viel gelesen habe, selbst zu sehen. Ich fürchte, dass es mir jetzt unmöglich sein wird, meinen Traum zu erfüllen. Ich bin alt und erschöpft. Ich scheine keine Kraft mehr in mir zu haben."

„Traurig, Jeeves, was?"

„Äußerst, Sir."

„Nichts Trauriges!", sagte Rocky. „Das ist pure Faulheit. Ich war letztes Weihnachten bei ihr und sie strotzte vor Gesundheit. Ihr Arzt selbst hat mir gesagt, dass ihr überhaupt nichts fehlt. Aber sie wird darauf bestehen, dass sie eine hoffnungslose Invalidin ist, also muss er ihr Recht geben. Sie ist fest davon überzeugt, dass die Reise nach New York sie umbringen würde; und obwohl es ihr Lebenstraum war, hierher zu kommen, bleibt sie, wo sie ist."

„Etwas wie der Kerl , dessen Herz ,in den Highlands auf der Jagd nach Hirschen war', Jeeves?"

„Die Fälle verlaufen in mancher Hinsicht parallel, Sir.“

„Mach weiter, Rocky, mein Junge.“

„Deshalb habe ich beschlossen, dass ich, wenn ich schon nicht alle Wunder der Stadt selbst genießen kann, sie zumindest durch Sie genießen kann. Daran musste ich gestern plötzlich denken, als ich in der Sonntagszeitung ein wunderschönes Gedicht über einen jungen Mann las, der sich sein ganzes Leben lang nach etwas Bestimmtem gesehnt hatte und es am Ende erst bekam, als er zu alt war, um es zu genießen. Es war sehr traurig und hat mich berührt .“

„Etwas“, warf Rocky verbittert ein, „was ich seit zehn Jahren nicht mehr geschafft habe.“

„Wie Sie wissen, werden Sie mein Geld haben, wenn ich nicht mehr da bin; aber bis jetzt habe ich mich nie dazu durchringen können, Ihnen ein Taschengeld zu zahlen. Ich habe mich nun dazu entschlossen – unter einer Bedingung. Ich habe an eine Anwaltskanzlei in New York geschrieben und sie angewiesen, Ihnen jeden Monat eine ziemlich beträchtliche Summe zu zahlen. Meine einzige Bedingung ist, dass Sie in New York leben und sich so amüsieren, wie ich es mir immer gewünscht habe. Ich möchte, dass Sie mein Vertreter sind und dieses Geld für mich ausgeben, wie ich es selbst tun würde. Ich möchte, dass Sie in das fröhliche, prismatische Leben von New York eintauchen. Ich möchte, dass Sie die Seele und der Mittelpunkt brillanter Abendessenspartys sind. „Vor allem möchte ich – tatsächlich bestehe ich darauf –, dass Sie mir mindestens einmal pro Woche Briefe schreiben und mir eine vollständige Beschreibung all dessen geben, was Sie tun und was in der Stadt vor sich geht, damit ich aus zweiter Hand genießen kann, was ich aufgrund meiner elenden Gesundheit nicht selbst genießen kann. Denken Sie daran, dass ich alle Einzelheiten erwarte und dass keine Einzelheit zu trivial ist, um nicht interessant zu sein. – Ihre liebevolle Tante,

„ISABEL ROCKMETTELLER.“

„Was ist damit?“, sagte Rocky.

„Was ist damit?“, sagte ich.

„Ja. Was in aller Welt soll ich tun?“

Erst dann wurde mir die extrem merkwürdige Haltung des Kerls klar , angesichts der Tatsache, dass ein ganz unerwarteter Haufen des richtigen Zeugs plötzlich aus heiterem Himmel auf ihn herabgefallen war. Meiner Meinung nach war das ein Anlass für das strahlende Lächeln und den Freudenschrei; doch da stand der Mann, sah aus und sprach, als hätte das Schicksal an seinem Solarplexus geschwungen. Es erstaunte mich.

„Bist du nicht sauer?", sagte ich.

„Bock!"

„Wenn ich an deiner Stelle wäre, würde ich mich furchtbar anstrengen. Ich finde, das ist ziemlich einfach für dich."

Er stieß eine Art Aufschrei aus, starrte mich einen Moment lang an und begann dann, auf eine Art über New York zu sprechen, die mich an Jimmy Mundy erinnerte, den Reformer. Jimmy war gerade für eine Kampagne nach New York gekommen, und ich war ein paar Tage zuvor für etwa eine halbe Stunde im Garden vorbeigekommen, um ihm zuzuhören. Er hatte New York sicherlich einige ziemlich klare Dinge über sich selbst erzählt, da er die Stadt offenbar nicht mochte, aber, bei Gott, wissen Sie, der gute alte Rocky ließ ihn aussehen wie einen Werbeagenten für die alte Metropole!

„Ziemlich verweichlicht!", rief er. „Nach New York ziehen zu müssen! Mein kleines Häuschen verlassen zu müssen und ein stickiges, stinkendes, überheiztes Loch von Wohnung in dieser himmelverlassenen, eiternden Hölle zu nehmen. Abend für Abend mit einem Pöbel verkehren zu müssen, der das Leben für eine Art Veitstanz hält und sich einbildet, er habe Spaß, weil er genug Lärm für sechs macht und zu viel für zehn trinkt. Ich verabscheue New York, Bertie. Ich würde nicht in die Nähe kommen, wenn ich nicht ab und zu Redakteure zu sehen bekäme. Es ist ein Makel. Es ist ein moralisches Delirium tremens. Das ist die Grenze. Allein der Gedanke, länger als einen Tag dort zu bleiben, macht mich krank. Und du nennst das Ding ziemlich verweichlicht für mich!"

Ich fühlte mich wie Lots Freunde, als sie zu einem ruhigen Gespräch vorbeikamen und ihr freundlicher Gastgeber begann, die Städte der Ebene zu kritisieren. Ich hatte keine Ahnung, dass der alte Rocky so eloquent sein konnte.

„Es würde mich umbringen, in New York leben zu müssen", fuhr er fort. „Die Luft mit sechs Millionen Menschen teilen zu müssen! Ständig steife Kragen und anständige Kleidung tragen zu müssen! –" Er fing an. „Herrgott! Ich glaube, ich müsste mich abends zum Abendessen schick machen. Was für eine grässliche Vorstellung!"

Ich war schockiert, absolut schockiert.

„Mein lieber Junge!", sagte ich vorwurfsvoll.

„Ziehst du dich jeden Abend zum Abendessen um, Bertie?"

„Jeeves", sagte ich kalt. Der Mann stand immer noch wie eine Statue neben der Tür. „Wie viele Abendkleider habe ich?"

„Wir haben drei Anzüge und Abendgarderobe, Sir; zwei Smokings –"

"Drei."

„Aus praktischen Gründen nur zwei, Sir. Wenn Sie sich erinnern, können wir die dritte nicht tragen. Wir haben auch sieben weiße Westen.“

„Und Hemden?“

„Vier Dutzend, Sir.“

„Und weiße Krawatten?“

„Die ersten beiden flachen Regale in der Kommode sind komplett mit unseren weißen Krawatten ausgefüllt, Sir.“

Ich wandte mich an Rocky.

„Siehst du?“

Der Kerl wand sich wie ein elektrischer Ventilator.

„Das mache ich nicht! Das kann ich nicht! Ich werde gehängt, wenn ich das mache! Wie um Himmels Willen soll ich mich so verkleiden? Ist dir klar, dass ich an den meisten Tagen erst um fünf Uhr nachmittags aus meinem Pyjama herauskomme und dann einfach einen alten Pullover anziehe?“

Ich sah, wie Jeeves zusammenzuckte, der arme Kerl! Diese Art von Offenbarung schockierte seine tiefsten Gefühle.

„Was werden Sie dann dagegen tun?“, sagte ich.

„Das möchte ich wissen.“

„Vielleicht schreibst du deiner Tante und erklärst es ihr.“

„Das könnte ich – wenn ich wollte, dass sie in zwei schnellen Sätzen zu ihrem Anwalt geht und mich aus ihrem Testament streicht.“

Ich habe verstanden, was er meinte.

„Was schlägst du vor, Jeeves?“, sagte ich.

Jeeves räusperte sich respektvoll.

„Der springende Punkt scheint zu sein, Sir, dass Mr. Todd durch die Bedingungen, unter denen ihm das Geld übergeben wird, dazu verpflichtet ist, Miss Rockmetteller lange und ausführliche Briefe über seine Aktivitäten zu schreiben. Die einzige Möglichkeit, dies zu erreichen, wenn Mr. Todd an seiner ausdrücklichen Absicht festhält, im Land zu bleiben, besteht darin, dass Mr. Todd eine zweite Partei dazu veranlasst, die tatsächlichen Erlebnisse, von denen Miss Rockmetteller berichtet haben möchte, zu sammeln und ihm diese in Form eines sorgfältigen Berichts zu übermitteln, auf den er mit Hilfe seiner Vorstellungskraft die vorgeschlagene Korrespondenz stützen kann."

Nachdem Jeeves das aus dem alten Zwerchfell rausgeholt hatte, schwieg er. Rocky sah mich hilflos an. Er ist nicht mit Jeeves aufgewachsen wie ich und kennt seine Kurven nicht.

„Könnte er es etwas klarer ausdrücken, Bertie?", sagte er. „Ich dachte am Anfang, es würde Sinn ergeben, aber dann flackerte es irgendwie. Was ist die Idee?"

„Mein lieber alter Mann, ganz einfach. Ich wusste, dass wir uns auf Jeeves verlassen können. Alles, was Sie tun müssen, ist, jemanden zu finden, der für Sie durch die Stadt geht und ein paar Notizen macht, und dann arbeiten Sie die Notizen in Briefe um. Das ist alles, nicht wahr, Jeeves?"

„Genau, Sir."

Das Licht der Hoffnung schimmerte in Rockys Augen. Er sah Jeeves erschrocken an, benommen von der enormen Intelligenz des Mannes.

„Aber wer würde das tun?", fragte er. „Es müsste ein ziemlich kluger Mann sein, ein Mann, der Dinge bemerkt."

„Jeeves!", sagte ich. „Lass Jeeves das machen."

„Aber würde er das tun?"

„Das würden Sie doch tun, Jeeves, oder?"

Zum ersten Mal in unserer langen Verbindung bemerkte ich, dass Jeeves fast lächelte. Der Mundwinkel war um fast einen halben Zentimeter nach oben gebogen, und für einen Moment sah sein Auge nicht mehr wie das eines nachdenklichen Fisches aus.

„Ich würde mich freuen, Ihnen diesen Gefallen zu tun, Sir. Tatsächlich habe ich bei meinem Abendausflug bereits einige der Sehenswürdigkeiten New Yorks besucht, und es wäre sehr unterhaltsam, dies zu einer Übung zu machen."

„Gut! Ich weiß genau, was deine Tante hören will, Rocky. Sie will Kabarettkram hören. Der Ort, zu dem du zuerst gehen solltest, Jeeves, ist Reigelheimer's. Es ist in der 42. Straße. Jeder wird dir den Weg zeigen."

Jeeves schüttelte den Kopf.

„Entschuldigen Sie, Sir. Die Leute gehen nicht mehr zu Reigelheimer's. Im Moment heißt der Laden Frolics on the Roof."

„Siehst du?", sagte ich zu Rocky. „Überlass es Jeeves. Er weiß es."

Es kommt nicht oft vor, dass man eine ganze Gruppe seiner Mitmenschen glücklich findet, aber unser kleiner Kreis war sicherlich ein Beispiel dafür, dass es möglich ist. Wir waren alle voller Tatendrang. Von Anfang an lief alles absolut reibungslos.

Jeeves war glücklich, zum einen, weil er sein riesiges Gehirn gerne trainierte, und zum anderen, weil er sich im hellen Licht prächtig amüsierte. Ich sah ihn eines Abends bei den Midnight Revels. Er saß an einem Tisch am Rand der Tanzfläche und ließ es sich mit einer dicken Zigarre und einer Flasche des besten Biers gutgehen. Ich hätte nie gedacht, dass er so menschlich aussehen könnte. Sein Gesicht zeigte einen Ausdruck strenger Güte und er machte sich Notizen in einem kleinen Buch.

Was uns andere angeht, ging es mir ziemlich gut, denn ich mochte den alten Rocky und war froh, ihm einen Gefallen tun zu können. Rocky war vollkommen zufrieden, denn er konnte immer noch im Pyjama auf Zäunen sitzen und Würmer beobachten. Und was die Tante angeht, sie schien sich riesig zu amüsieren. Sie hatte Broadway aus ziemlich weiter Entfernung im Blick, aber es schien sie genau richtig zu treffen. Ich las einen ihrer Briefe an Rocky und er war voller Leben.

Aber Rockys Briefe, die auf Jeeves' Notizen basierten, reichten aus, um jeden aufzumuntern. Es war komisch, wenn man darüber nachdachte. Da war ich, der das Leben liebte, während die bloße Erwähnung davon Rocky müde machte; hier ist jedoch ein Brief, den ich an einen meiner Freunde in London geschrieben habe:

„LIEBER FREDDIE, – Nun, hier bin ich in New York. Es ist kein schlechter Ort. Ich habe keine schlechte Zeit. Alles ist ziemlich in Ordnung. Die Kabaretts sind nicht schlecht. Ich weiß nicht, wann ich zurückkomme. Wie geht es euch allen? Prost! – Dein

„BERTIE.

„P.S. – Haben Sie den alten Ted in letzter Zeit gesehen ?"

Nicht, dass mir Ted etwas bedeutet hätte, aber wenn ich ihn nicht mit hineingezogen hätte, hätte ich dieses verdammte Ding nicht auf die zweite Seite bringen können.

Und hier ist der alte Rocky zum genau gleichen Thema:

„LIEBSTE TANTE ISABEL, – wie kann ich dir jemals genug dafür danken, dass du mir die Möglichkeit gegeben hast, in dieser erstaunlichen Stadt zu leben! New York scheint jeden Tag wunderbarer zu sein. „Die Fifth Avenue ist natürlich gerade jetzt am schönsten. Die Kleider sind großartig!"

Jede Menge Zeug über die Kleider. Ich wusste nicht, dass Jeeves eine solche Autorität ist.

„Ich war neulich mit einigen Leuten im Midnight Revels. Wir haben uns zuerst eine Show angesehen, nachdem wir in einem neuen Lokal in der Forty-third Street zu Abend gegessen hatten. Wir waren eine ziemlich fröhliche Party. Georgie Cohan kam gegen Mitternacht vorbei und hat einen guten Spruch über Willie Collier rausgehauen. Fred Stone konnte nur eine Minute bleiben, aber Doug. Fairbanks machte alle möglichen Stunts und brachte uns zum Brüllen. Diamond Jim Brady war wie üblich da und Laurette Taylor kam mit einer Party. Die Show im Revels ist ziemlich gut. Ich lege ein Programm   bei   .
„Gestern Abend sind ein paar von uns zu Frolics on the Roof gegangen –"

Und so weiter und so fort, meterweit. Ich nehme an, es liegt an der künstlerischen Veranlagung oder so. Was ich meine ist, dass es für einen Kerl , der es gewohnt ist, Gedichte und dergleichen zu schreiben, einfacher ist, einem Brief mehr Schwung zu verleihen, als für einen Kerl wie mich. Jedenfalls besteht kein Zweifel daran, dass Rockys Korrespondenz ein heißes Ding war. Ich rief Jeeves an und gratulierte ihm.

„Jeeves, du bist ein Wunder!"

"Danke mein Herr."

„Wie man an diesen Orten alles mitbekommt, ist mir ein Rätsel. Ich könnte Ihnen nichts darüber erzählen, außer, dass ich eine gute Zeit hatte."

„Es ist einfach eine Fähigkeit, Sir."

„Nun, die Briefe von Mr. Todd sollten Miss Rockmetteller doch aufmuntern, oder?"

„Zweifellos, Sir", stimmte Jeeves zu.

Und, bei Gott, das haben sie! Das haben sie wirklich, bei Gott! Was ich damit sagen will, ist, dass ich eines Nachmittags, etwa einen Monat nachdem die Sache angefangen hatte, in der Wohnung saß, eine Zigarette rauchte und mich ausruhte, als die Tür aufging und Jeeves' Stimme die Stille wie eine Bombe zerplatzen ließ.

Es lag nicht daran, dass er laut sprach. Er hat eine dieser sanften, beruhigenden Stimmen, die durch die Atmosphäre gleiten wie der Ruf eines weit entfernten Schafs. Es war das, was er sagte, das mich wie eine junge Gazelle aufspringen ließ.

„Miss Rockmetteller !"

Und herein kam eine große, kräftige Frau.

Die Situation hat mich umgehauen. Ich leugne es nicht. Hamlet muss sich ähnlich gefühlt haben wie ich, als der Geist seines Vaters auf dem Fairway auftauchte. Ich hatte Rockys Tante inzwischen als eine solche Dauererscheinung in ihrem eigenen Zuhause betrachtet, dass es mir unmöglich erschien, dass sie wirklich hier in New York sein konnte. Ich starrte sie an. Dann sah ich Jeeves an. Er stand da in einer Haltung würdevoller Distanz, der Trottel, obwohl er, wenn überhaupt, den jungen Herrn hätte unterstützen sollen, jetzt war.

Rockys Tante sah weniger wie eine Invalidin aus als alle anderen , die ich je gesehen habe, abgesehen von meiner Tante Agatha. Tatsächlich hatte sie viel von Tante Agatha an sich. Sie sah aus, als könnte sie verdammt gefährlich werden, wenn man sie ausnutzte; und irgendetwas schien mir zu sagen, dass sie sich ganz bestimmt als ausgenutzt betrachten würde, wenn sie jemals das Spiel herausfände, das der arme alte Rocky mit ihr gespielt hatte.

„Guten Tag", brachte ich heraus.

„Wie geht es Ihnen?", sagte sie.

„ Äh – nein."

„Herr Fred Stone?"

„Nicht unbedingt. Tatsächlich heiße ich Wooster – Bertie Wooster."

Sie schien enttäuscht. Der schöne alte Name Wooster schien in ihrem Leben keine Bedeutung mehr zu haben.

„Ist Rockmetteller nicht zu Hause?", fragte sie. „Wo ist er?"

Mit dem ersten Schuss hatte sie mich erwischt. Mir fiel nichts ein, was ich hätte sagen können. Ich konnte ihr nicht sagen, dass Rocky unten auf dem Land war und Würmer beobachtete.

Im Hintergrund war ein ganz leises Flattern zu hören. Es war das respektvolle Hüsteln, mit dem Jeeves ankündigt, dass er gleich sprechen wird, ohne dass ihn jemand angesprochen hat.

„Wenn Sie sich erinnern, Sir, ist Mr. Todd nachmittags mit einer Gruppe mit dem Auto ausgefahren."

„Das hat er, Jeeves, das hat er", sagte ich und sah auf meine Uhr. „Hat er gesagt, wann er zurückkommt?"

„Er gab mir zu verstehen, Sir, dass er etwas verspätet zurückkommen würde."

Er verschwand, und die Tante nahm den Stuhl, den ich ihr nicht angeboten hatte. Sie sah mich ziemlich übellaunig an. Es war ein böser Blick. Ich kam mir vor, als wäre ich etwas, das der Hund hereingebracht hatte und das er später, wenn er Zeit dazu hätte, begraben wollte. Meine eigene Tante Agatha in England hat mich oft genauso angesehen, und es lässt mir jedes Mal einen Schauer über den Rücken laufen.

„Sie scheinen sich hier sehr wohl zu fühlen, junger Mann. Sind Sie ein guter Freund von Rockmetteller?“

„Oh ja, lieber doch!“

Sie runzelte die Stirn, als hätte sie vom alten Rocky Besseres erwartet.

„Das muss aber auch so sein“, sagte sie, „so wie Sie seine Wohnung als Ihre eigene behandeln!“

Ich gebe Ihnen mein Wort, dieser völlig unvorhergesehene Schlag raubte mir einfach die Sprache. Ich hatte mich im Licht des schneidigen Gastgebers betrachtet, und plötzlich wie ein Eindringling behandelt zu werden, irritierte mich. Wohlgemerkt, es war nicht so, als hätte sie so gesprochen, als würde sie meine Anwesenheit als gewöhnlichen gesellschaftlichen Besuch betrachten. Sie betrachtete mich offensichtlich als eine Mischung aus Einbrecher und Klempner, der gekommen war, um das Leck im Badezimmer zu reparieren. Es tat ihr weh – meine Anwesenheit dort.

An diesem Punkt, als das Gespräch alle Anzeichen dafür erkennen ließ, dass es bald unter schrecklichen Qualen enden würde, kam mir eine Idee. Tee – das gute alte Standby-Getränk.

„Möchten Sie eine Tasse Tee?“, sagte ich.

"Tee?"

Sie sprach, als hätte sie noch nie von dem Zeug gehört.

„Nichts geht über eine Tasse nach einer Reise“, sagte ich. „Muntert einen auf! Bringt einen wieder in Schwung. Was ich meine, ist, dass es einen regeneriert und so weiter, weißt du. Ich gehe und erzähle es Jeeves.“

Ich torkelte den Gang hinunter zu Jeeves' Versteck. Der Mann las die Abendzeitung, als hätte er keine Sorgen auf der Welt.

„Jeeves“, sagte ich, „wir wollen Tee.“

"Sehr gut, Herr."

„Ich sage, Jeeves, das ist ein bisschen dick aufgetragen, was?“

Ich wollte Mitgefühl, wissen Sie – Mitgefühl und Freundlichkeit. Die alten Nervenzentren hatten einen gehörigen Schock erlitten.

„Sie glaubt, dieser Ort gehört Mr. Todd. Was um Himmels Willen ist ihr nur in den Kopf gekommen?"

Jeeves füllte den Kessel mit zurückhaltender Würde.

„Zweifellos wegen Mr. Todds Briefen, Sir", sagte er. „Wenn Sie sich erinnern, war es mein Vorschlag, Sir, dass sie von dieser Wohnung aus adressiert werden sollten, damit Mr. Todd den Eindruck erweckt, eine gute zentrale Wohnung in der Stadt zu besitzen."

Ich erinnerte mich. Wir dachten damals, das wäre ein cleverer Plan.

„Na ja, es ist verdammt peinlich, wissen Sie, Jeeves. Sie betrachtet mich als Eindringling. Bei Gott! Ich schätze, sie hält mich für jemanden, der hier rumhängt, Mr. Todd für kostenlose Mahlzeiten anfasst und sich seine Hemden ausleiht."

"Jawohl."

„Es ist ziemlich mies, wissen Sie."

„Äußerst beunruhigend, Sir."

„Und da ist noch etwas: Was sollen wir mit Mr. Todd machen? Wir müssen ihn so schnell wie möglich hierherbringen. Wenn Sie den Tee gebracht haben, gehen Sie am besten hinaus und schicken ihm ein Telegramm, in dem Sie ihm sagen, er solle mit dem nächsten Zug herkommen."

„Das habe ich bereits getan, Sir. Ich habe mir die Freiheit genommen, die Nachricht zu schreiben und sie durch den Aufzugswärter verschicken zu lassen."

„Bei Gott, du denkst an alles, Jeeves!"

„Danke, Sir. Ein wenig gebutterter Toast zum Tee? Gerne, Sir. Danke."

Ich ging zurück ins Wohnzimmer. Sie hatte sich keinen Zentimeter bewegt. Sie saß immer noch kerzengerade auf der Stuhlkante und umklammerte ihren Regenschirm wie eine Hammerwerferin. Als ich hereinkam, warf sie mir wieder einen dieser Blicke zu. Es bestand kein Zweifel; aus irgendeinem Grund hatte sie eine Abneigung gegen mich entwickelt. Ich nehme an, weil ich nicht George M. Cohan war. Das war ein bisschen hart für einen Kerl.

„Das ist eine Überraschung, was?", sagte ich nach etwa fünf Minuten erholsamen Schweigens und versuchte, das Gespräch wieder in Gang zu bringen.

„Was ist eine Überraschung?"

„ Du kommst hierher, weißt du nicht, und so weiter."

Sie hob die Augenbrauen und musterte mich noch ein wenig durch ihre Brille.

„Warum ist es überraschend, dass ich meinen einzigen Neffen besuche?“, sagte sie.

So ausgedrückt erschien es natürlich vernünftig.

„Oh, das ist es“, sagte ich. „Natürlich! Sicherlich. Was ich meine ist –“

Jeeves projizierte sich in das Zimmer mit dem Tee. Ich war mächtig froh, ihn zu sehen. Es gibt nichts Besseres, als ein paar Geschäfte für einen erledigt zu haben, wenn man sich seiner Zeilen nicht sicher ist. Mit der Teekanne zum Herumspielen fühlte ich mich glücklicher.

„Tee, Tee, Tee – was? Was?“, sagte ich.

Das war nicht das, was ich sagen wollte. Ich wollte wesentlich förmlicher sein und so weiter. Aber es war der Situation angemessen. Ich schenkte ihr eine Tasse ein. Sie nippte daran und stellte die Tasse schaudernd ab.

„Wollen Sie damit sagen, junger Mann“, sagte sie frostig, „dass Sie von mir erwarten, dieses Zeug zu trinken?“

„Eher! Das muntert einen auf, weißt du.“

„Was meinen Sie mit dem Ausdruck ‚Muntert auf‘?“

„Na ja, es macht einen munter, weißt du. Es bringt einen zum Sprudeln.“

„Ich verstehe kein Wort von dem, was Sie sagen. Sie sind doch Engländer, oder?“

Ich gab es zu. Sie sagte kein Wort. Und irgendwie tat sie es auf eine Weise, die es schlimmer machte, als wenn sie stundenlang geredet hätte. Irgendwie wurde mir klar, dass sie Engländer nicht mochte und dass sie, wenn sie einen Engländer hätte treffen müssen, mich als Letzten gewählt hätte.

Danach verstummte die Konversation erneut.

Dann habe ich es noch einmal versucht. Ich war von Minute zu Minute überzeugter, dass man mit ein paar Leuten keinen wirklich lebendigen *Salon veranstalten kann*, vor allem wenn einer von ihnen Wort für Wort versäumt.

„Fühlen Sie sich in Ihrem Hotel wohl?“, fragte ich.

„In welchem Hotel?“

„Das Hotel, in dem Sie übernachten.“

„Ich wohne nicht in einem Hotel.“

„Bei Freunden übernachten – was?“

„Ich mache natürlich bei meinem Neffen Halt.“

Ich habe es im Moment nicht verstanden, dann traf es mich.

„Was! Hier?“, gurgelte ich.

„Sicher! Wohin sollte ich sonst gehen?“

Der ganze Schrecken der Situation überrollte mich wie eine Welle. Ich wusste nicht, was ich um Himmels Willen tun sollte. Ich konnte nicht erklären, dass dies nicht Rockys Wohnung war, ohne den armen alten Kerl hoffnungslos zu verraten, denn dann würde sie mich fragen, wo er denn wohnte, und dann wäre er mitten in der Klemme. Ich versuchte gerade, den alten Kerl dazu zu bringen, sich von dem Schock zu erholen und etwas zu bewirken, als sie wieder sprach.

„Würden Sie bitte dem Diener meines Neffen sagen, er soll mein Zimmer vorbereiten? Ich möchte mich hinlegen.“

„Der Diener Ihres Neffen?“

„Der Mann, den Sie Jeeves nennen. Wenn Rockmetteller eine Autofahrt gemacht hat, brauchen Sie nicht auf ihn zu warten. Er wird natürlich mit mir allein sein wollen, wenn er zurückkommt.“

Ich stolperte aus dem Zimmer. Das war zu viel für mich. Ich schlich mich in Jeeves' Arbeitszimmer.

„Jeeves!“, flüsterte ich.

"Herr?"

„Misch mir ein Bier, Jeeves. Ich fühle mich schwach.“

"Sehr gut, Herr."

„Das wird mit jeder Minute spannender, Jeeves.“

"Herr?"

„Sie denkt, Sie sind Mr. Todds Mann. Sie denkt, das ganze Haus und alles darin gehört ihm. Ich weiß nicht, was Sie tun sollen, außer hier zu bleiben und weiterzumachen. Wir dürfen nichts sagen, sonst kriegt sie die ganze Sache mit, und ich will Mr. Todd nicht enttäuschen. Übrigens, Jeeves, sie will, dass Sie ihr Bett vorbereiten.“

Er sah verletzt aus.

„Das ist wohl kaum meine Aufgabe, Sir –“

„Ich weiß – ich weiß. Aber tu es mir als persönlichen Gefallen . Wenn es so weit kommt, ist es doch nicht meine Aufgabe, so aus der Wohnung geschmissen zu werden und in ein Hotel gehen zu müssen , oder?“

„Beabsichtigen Sie, in ein Hotel zu gehen, Sir? Wo wollen Sie sich umziehen?“

„Mein Gott! Daran habe ich nicht gedacht. Kannst du, wenn sie nicht hinsieht, ein paar Sachen in eine Tasche packen und sie mir heimlich in die St. Aurea bringen ?“

„Ich werde mein Bestes tun, Sir.“

„Also, ich glaube, da ist nichts weiter, oder? Sagen Sie Mr. Todd, wo ich bin, wenn er hier ist.“

"Sehr gut, Herr."

Ich sah mich um. Der Moment des Abschieds war gekommen. Ich war traurig. Das Ganze erinnerte mich an eines dieser Melodramen, in denen die Jungs aus dem alten Gehöft in den Schnee getrieben werden.

„Auf Wiedersehen, Jeeves“, sagte ich.

"Auf Wiedersehen, mein Herr."

Und ich taumelte hinaus.

Wissen Sie, ich glaube, ich stimme eher mit diesen Dichter- und Philosophen-Johnnies überein, die darauf bestehen, dass ein Kerl teuflisch erfreut sein sollte, wenn er ein bisschen Ärger hat. All das Gerede davon, durch Leiden geläutert zu werden, wissen Sie. Leiden verleiht einem Kerl tatsächlich eine breitere und mitfühlendere Sichtweise. Es hilft einem, das Unglück anderer Leute zu verstehen, wenn man selbst dasselbe durchgemacht hat.

Als ich in meinem einsamen Zimmer im Hotel stand und versuchte, mir selbst die weiße Krawatte zu binden, wurde mir zum ersten Mal klar, dass es auf der Welt ganze Horden von Kerlen geben musste , die ohne einen Mann auskommen mussten, der sich um sie kümmerte. Ich hatte Jeeves immer für eine Art Naturphänomen gehalten, aber, bei Gott! Wenn man es sich recht überlegt, muss es natürlich eine ganze Menge Kerle geben, die ihre Kleidung selbst bügeln müssen und niemanden haben, der ihnen morgens Tee bringt usw. Es war ein ziemlich ernster Gedanke, wissen Sie. Ich meine, seitdem kann ich mir die schrecklichen Entbehrungen vorstellen, die die Armen ertragen müssen.

Irgendwie habe ich mich angezogen. Jeeves hatte in seinem Gepäck nichts vergessen. Alles war da, bis zum letzten Knopf. Ich bin mir nicht sicher, ob ich mich dadurch nicht noch schlechter fühlte. Es hat das Pathos irgendwie noch verstärkt. Es war wie das, was irgendjemand über die Berührung einer verschwundenen Hand geschrieben hat.

Ich aß irgendwo zu Abend und ging zu einer Show, aber nichts schien einen Unterschied zu machen. Ich brachte es einfach nicht übers Herz, irgendwo zu Abend zu essen. Ich trank nur einen Whisky mit Soda im Raucherzimmer des Hotels und ging sofort ins Bett. Ich weiß nicht, wann ich mich das letzte Mal so mies gefühlt habe. Irgendwie bewegte ich mich leise im Zimmer umher, als hätte es einen Todesfall in der Familie gegeben. Wenn ich mit jemandem hätte reden können, hätte ich geflüstert; als es tatsächlich klingelte, antwortete ich mit so trauriger, gedämpfter Stimme, dass der Kerl am anderen Ende der Leitung fünfmal „ Hallo !" rief, weil er dachte, er hätte mich nicht erreicht.

Es war Rocky. Der arme alte Pfadfinder war zutiefst aufgeregt.

„Bertie! Bist du das, Bertie? Oh Gott? Ich habe echt Spaß!"

„Woher sprichst du?"

„Die Mitternachtsfeste. Wir sind seit einer Stunde hier und ich glaube, wir sind ein fester Bestandteil der Nacht. Ich habe Tante Isabel gesagt, dass ich eine Freundin anrufe, damit sie sich uns anschließt. Sie sitzt wie festgeklebt auf einem Stuhl, und das Leben steht ihr ins Gesicht geschrieben, und sie nimmt es durch alle Poren auf. Sie liebt es, und ich bin fast verrückt."

„Erzähl mir alles, alter Knirps", sagte ich.

„Noch ein bisschen davon", sagte er, „und ich werde mich leise zum Fluss schleichen und dem Ganzen ein Ende setzen. Willst du damit sagen, dass du so etwas jede Nacht durchmachst, Bertie, und es genießt? Es ist einfach höllisch! Ich habe gerade hinter der Speisekarte ein Nickerchen gemacht, als ungefähr eine Million kreischende Mädchen mit Luftballons herabgestürzt sind. Es gibt hier zwei Orchester, und jedes versucht, herauszufinden, ob es nicht lauter spielen kann als das andere. Ich bin geistig und körperlich am Ende. Als dein Telegramm ankam, habe ich mich gerade hingelegt, um leise eine Pfeife zu blasen, und ein Gefühl absoluten Friedens überkam mich. Ich musste mich anziehen und zwei Meilen sprinten, um den Zug zu erreichen. Ich hätte fast einen Herzinfarkt erlitten, und obendrein hätte ich fast eine Gehirnentzündung bekommen, weil ich Lügen erfand, die ich Tante Isabel erzählen wollte. Und dann musste ich mich in deine verdammten Abendkleider zwängen."

Ich stieß einen schrillen Schmerzensschrei aus. Mir war bis dahin nicht klar geworden, dass Rocky von meiner Garderobe abhängig war, um durchzukommen.

„Du wirst sie ruinieren!"

„Das hoffe ich", sagte Rocky auf die unangenehmste Art und Weise. Seine Probleme schienen seinen Charakter sehr stark beeinflusst zu haben. „Ich würde mich gern irgendwie an ihnen rächen; sie haben mir schon genug zugesetzt. Sie sind ungefähr drei Nummern zu klein und es kann jeden Moment etwas nachgeben. Ich wünschte wirklich, es wäre so und ich könnte atmen. Ich habe seit halb acht nicht mehr geatmet. Dem Himmel sei Dank hat Jeeves es geschafft, mir ein passendes Halsband zu kaufen, sonst wäre ich jetzt eine erwürgte Leiche! Es war auf der Kippe, bis der Knopf brach. Bertie, das ist die reinste Hölle! Tante Isabel drängt mich ständig zum Tanzen. Wie um Himmels Willen kann ich tanzen, wenn ich niemanden kenne, mit dem ich tanzen könnte? Und wie zum Teufel könnte ich, selbst wenn ich jedes Mädchen hier kennen würde? Es ist ein großes Risiko, sich in diesen Hosen auch nur zu bewegen. Ich musste ihr sagen, dass ich mir den Knöchel verletzt habe. Sie fragt mich ständig, wann Cohan und Stone auftauchen werden; und es ist nur eine Frage der Zeit, bis sie herausfindet, dass Stone zwei Tische weiter sitzt. Es muss etwas getan werden, Bertie! Du musst dir etwas einfallen lassen, um mich aus diesem Schlamassel herauszuholen. Du warst es, der mich da hineingebracht hat."

„Ich! Was meinst du?"

„Na, Jeeves. Es ist alles gleich. Du warst es, der vorgeschlagen hat, es Jeeves zu überlassen. Es waren diese Briefe, die ich anhand seiner Notizen geschrieben habe, die das Unheil angerichtet haben. Ich habe sie zu gut gemacht! Meine Tante hat mir gerade davon erzählt. Sie sagt, sie hatte sich damit abgefunden, ihr Leben dort zu beenden, wo sie war, und dann kamen meine Briefe, in denen ich die Freuden von New York beschrieb; und sie haben sie so sehr angeregt, dass sie sich zusammengerissen und die Reise gemacht hat. Sie scheint zu glauben, sie hätte eine Art wundersame Heilung durch Glauben erfahren. Ich sage dir, ich kann es nicht ertragen, Bertie! Es muss aufhören!"

„Fällt Jeeves nichts ein?"

„Nein. Er hängt nur rum und sagt: ‚Sehr beunruhigend, Sir!' Das ist eine Riesenhilfe!"

„Na ja, alter Junge", sagte ich, „für mich ist es schließlich viel schlimmer als für dich. Du hast ein gemütliches Zuhause und Jeeves. Und du sparst eine Menge Geld."

„Geld sparen? Was meinst du mit Geld sparen?"

„Na ja, das Taschengeld, das dir deine Tante gegeben hat. Ich nehme an, sie trägt jetzt alle Ausgaben, oder?"

„Das ist sie sicher, aber sie hat die Zuwendung eingestellt. Sie hat den Anwälten heute Abend geschrieben. Sie sagt, jetzt, da sie in New York ist, besteht keine Notwendigkeit mehr, dass es so weitergeht, da wir immer zusammen sein werden und es für sie einfacher ist, sich um diesen Teil der Sache zu kümmern. Ich sage dir, Bertie, ich habe die verdammte Wolke unter dem Mikroskop untersucht, und wenn sie einen Silberstreifen hat, dann ist es ein kleiner Heuchler!"

„Aber, Rocky, alter Knirps, es ist einfach zu schrecklich! Du hast keine Ahnung, was ich in diesem scheußlichen Hotel ohne Jeeves durchmache. Ich muss zurück in die Wohnung."

„Komm nicht in die Nähe der Wohnung."

„Aber es ist meine eigene Wohnung."

„Dafür kann ich nichts. Tante Isabel mag dich nicht. Sie hat mich gefragt, was du beruflich machst. Und als ich ihr sagte, dass du nichts tust, meinte sie, sie denke das und dass du ein typisches Exemplar einer nutzlosen und verfallenden Aristokratie seist. Wenn du also denkst, du hättest einen Coup gelandet, vergiss es. Jetzt muss ich zurück, sonst kommt sie hinter mir her. Auf Wiedersehen."

Am nächsten Morgen kam Jeeves vorbei. Es war alles so heimelig, als er geräuschlos ins Zimmer schwebte, dass ich fast zusammenbrach.

„Guten Morgen, Sir", sagte er. „Ich habe noch ein paar Ihrer persönlichen Sachen mitgebracht."

Er begann, den Koffer, den er trug, abzuschnallen.

„Hatten Sie Probleme, sie heimlich wegzuschmuggeln?"

„Es war nicht einfach, Sir. Ich musste auf meine Chance warten. Miss Rockmetteller ist eine bemerkenswert aufmerksame Dame."

„Wissen Sie, Jeeves, sagen Sie, was Sie wollen – das ist ein bisschen dick aufgetragen, oder?"

„Die Situation ist mir sicherlich noch nie aufgefallen, Sir. Ich habe den Anzug aus Heidekrautmischung mitgebracht, da die klimatischen Bedingungen angenehm sind. Morgen werde ich, wenn ich nicht verhindert bin, versuchen , den braunen Lounge-Anzug mit dem blassen grünen Twill hinzuzufügen."

„So kann es nicht weitergehen – mit dieser Sache – Jeeves."

„Wir müssen das Beste hoffen, Sir."

„Fällt Ihnen nichts ein, was Sie tun könnten?"

„Ich habe lange über die Sache nachgedacht, Sir, aber bisher ohne Erfolg. Ich lege drei Seidenhemden – das taubenfarbene , das hellblaue und das malvenfarbene – in die erste lange Schublade, Sir."

„Du willst doch nicht etwa sagen, dass dir nichts einfällt, Jeeves?"

„Im Moment nicht, Sir. Sie finden ein Dutzend Taschentücher und die hellbraunen Socken in der obersten Schublade links." Er schnallte den Koffer fest und stellte ihn auf einen Stuhl. „Eine merkwürdige Dame, Miss Rockmetteller , Sir."

„Sie untertreiben es, Jeeves."

Er blickte nachdenklich aus dem Fenster.

„In vielerlei Hinsicht, Sir, erinnert mich Miss Rockmetteller an eine meiner Tante, die im Südosten Londons lebt. Ihre Temperamente sind sich sehr ähnlich. Meine Tante hat dieselbe Vorliebe für die Freuden der Großstadt. Sie liebt es, in einer Pferdekutsche zu fahren, Sir. Immer wenn die Familie sie aus den Augen lässt, rennt sie aus dem Haus und verbringt den Tag damit, in einer Pferdekutsche herumzufahren. Bei mehreren Gelegenheiten ist sie in die Sparkasse der Kinder eingebrochen, um sich die Mittel zu sichern, die ihr die Erfüllung dieses Verlangens ermöglichen."

„Ich liebe es, mit Ihnen über Ihre weiblichen Verwandten zu plaudern, Jeeves", sagte ich kühl, denn ich hatte das Gefühl, der Mann hätte mich enttäuscht, und ich hatte genug von ihm. „Aber ich verstehe nicht, was das alles mit meinem Problem zu tun hat."

„Ich bitte um Verzeihung, Sir. Ich lasse eine kleine Auswahl an Krawatten auf dem Kaminsims liegen, Sir, damit Sie nach Ihrem Geschmack auswählen können. Ich würde Ihnen die blaue mit dem roten Dominomuster empfehlen, Sir."

Dann strömte er unmerklich zur Tür und floss lautlos hinaus.

Ich habe oft gehört, dass Jungs nach einem großen Schock oder Verlust die Angewohnheit haben, sich wieder aufzurappeln, sich wieder zusammenzureißen und sozusagen einen Versuch zu wagen, ein neues Leben zu beginnen, nachdem sie eine Weile auf dem Boden gelegen und sich gefragt haben, was ihnen passiert ist. Die Zeit, der große Heiler, und die Natur, die sich anpasst, und so weiter und so fort. Da steckt viel dahinter. Ich weiß das, denn in meinem eigenen Fall begann ich mich nach ein oder zwei Tagen, die man als Erschöpfung bezeichnen könnte, zu erholen. Der schreckliche Verlust von Jeeves machte jeden Gedanken an Vergnügen mehr oder weniger zur Farce, aber zumindest stellte ich fest, dass ich wieder einen Anflug von Freude am Leben haben konnte. Was ich meine, ist, dass ich so stark war, dass ich noch einmal durch die Kabaretts ging, um zu versuchen, zu vergessen, wenn auch nur für den Moment.

New York ist ein kleiner Ort, wenn man den Teil betrachtet, der aufwacht, wenn der Rest zu Bett geht, und es dauerte nicht lange, bis meine Spuren die des alten Rocky kreuzten. Ich sah ihn einmal bei Peale und dann noch einmal bei Frolics on the Roof. Beide Male war außer der Tante niemand bei ihm, und obwohl er versuchte, so auszusehen, als hätte er das ideale Leben gefunden, war es für mich, da ich die Umstände kannte, nicht schwer zu erkennen, dass der arme Kerl unter der Maske litt. Mein Herz blutete für den Kerl. Zumindest blutete das, was davon übrig blieb und nicht für mich selbst blutete, für ihn. Er machte den Eindruck eines Menschen, der unter der Belastung zusammenbrechen würde.

Mir kam es so vor, als ob die Tante ebenfalls ein wenig beunruhigt aussah. Ich nahm an, dass sie sich zu fragen begann, wann die Promis endlich auftauchen würden und was plötzlich aus all den wilden, sorglosen Geistern geworden war, mit denen Rocky sich in seinen Briefen austauschte. Ich konnte es ihr nicht verdenken. Ich hatte nur ein paar seiner Briefe gelesen, aber sie vermittelten ganz klar den Eindruck, dass der arme alte Rocky sozusagen der Mittelpunkt des New Yorker Nachtlebens war und dass, wenn er aus irgendeinem Grund nicht in einem Kabarett auftauchte, die Leitung sagte: „Was soll das?“ und die Rollläden schloss.

In den nächsten beiden Nächten begegnete ich ihnen nicht, aber am Abend danach saß ich allein im Maison Pierre, als mir jemand auf die Schulter klopfte, und ich sah Rocky neben mir stehen, mit einem Ausdruck aus Wehmut und Schlaganfall im Gesicht. Wie der Kerl es geschafft hatte, meine Abendgarderobe so oft ohne Katastrophe zu tragen, war mir ein Rätsel. Er gestand mir später, dass er zu Beginn der Veranstaltung die Weste hinten aufgeschlitzt hatte und dass das ein wenig geholfen hatte.

Einen Moment lang hatte ich den Eindruck, er hätte es geschafft, seiner Tante für den Abend zu entkommen; doch als ich an ihm vorbeischaute, sah ich, dass sie wieder da war. Sie saß an einem Tisch an der Wand und sah mich an, als wäre ich etwas, worüber man sich bei der Geschäftsleitung beschweren sollte.

„Bertie, alter Pfadfinder“, sagte Rocky mit leiser, etwas niedergeschlagener Stimme, „wir waren doch immer Freunde, oder? Ich meine, du weißt, dass ich dir einen guten Dienst erweisen würde, wenn du mich darum bittest?“

„Mein lieber alter Junge “, sagte ich. Der Mann hatte mich bewegt.

„Dann komm um Himmels Willen herüber und setz dich für den Rest des Abends an unseren Tisch.“

Nun ja, wissen Sie, der heilige Anspruch einer Freundschaft hat seine Grenzen.

„Mein lieber Junge“, sagte ich, „Sie wissen, dass ich alles Vernünftige tun würde, aber –“

„Du musst kommen, Bertie. Das ist ein Ding der Unmöglichkeit. Irgendetwas muss getan werden, um sie abzulenken. Sie grübelt über irgendetwas. So ist sie schon seit zwei Tagen. Ich glaube, sie fängt an, etwas zu ahnen. Sie kann nicht verstehen, warum wir in diesen Läden nie jemanden treffen, den ich kenne. Vor ein paar Nächten bin ich zufällig zwei Zeitungsleuten begegnet, die ich früher ziemlich gut kannte. Das hat mich eine Weile auf Trab gehalten. Ich habe sie Tante Isabel als David Belasco und Jim Corbett vorgestellt, und es lief gut. Aber jetzt ist die Wirkung verflogen, und sie fängt wieder an, sich zu wundern. Irgendetwas muss getan werden, sonst wird sie alles herausfinden, und wenn das passiert, würde ich einen Nickel nehmen, um später einen Cent von ihr zu bekommen. Also, um Himmels willen, komm herüber zu unserem Tisch und hilf mit.“

Ich ging mit. Man muss sich um einen Freund in Not kümmern. Tante Isabel saß kerzengerade da, wie immer. Es schien tatsächlich, als hätte sie etwas von der Begeisterung verloren, mit der sie aufgebrochen war, den Broadway zu erkunden. Sie sah aus, als hätte sie viel über ziemlich unangenehme Dinge nachgedacht.

„Hast du Bertie Wooster kennengelernt, Tante Isabel?“, sagte Rocky.

"Ich habe."

Da war etwas in ihren Augen, das zu sagen schien:

„Warum haben Sie sich ausgerechnet aus einer Stadt mit sechs Millionen Einwohnern gerade ausgerechnet mich ausgesucht?“

„Setz dich, Bertie. Was möchtest du?“, sagte Rocky.

Und so begann die fröhliche Party. Es war eine dieser lustigen, fröhlichen, brotkrümelnden Partys, bei denen man zweimal hustet, bevor man spricht, und sich dann entscheidet, es doch nicht zu sagen. Nachdem wir eine Stunde dieser wilden Ausschweifungen hinter uns hatten, sagte Tante Isabel, sie wolle nach Hause. Im Licht dessen, was Rocky mir erzählt hatte, kam mir das unheimlich vor. Ich hatte gehört, dass man sie zu Beginn ihres Besuchs mit Stricken nach Hause hatte ziehen müssen.

Rocky muss es genauso getroffen haben, denn er warf mir einen flehenden Blick zu.

„Du kommst doch mit, Bertie, und trinkst etwas in der Wohnung?“

Ich hatte das Gefühl, dass das nicht im Vertrag stand, aber man konnte nichts dagegen tun. Es erschien mir brutal, den armen Kerl mit der Frau allein zu lassen, also machte ich mit.

Schon beim Einsteigen ins Taxi hatte ich das Gefühl, dass etwas losbrechen würde. In der Ecke, wo die Tante saß, herrschte tiefe Stille, und obwohl Rocky, der auf dem kleinen Sitz vor uns balancierte, sein Bestes tat, um Dialog zu liefern, waren wir keine gesprächige Gesellschaft.

Als wir die Wohnung betraten, sah ich Jeeves kurz in seinem Versteck sitzen und wünschte, ich hätte ihn rufen können, damit er sich zusammenreißt. Irgendetwas sagte mir, dass ich ihn bald brauchen würde.

Das Zeug stand auf dem Tisch im Wohnzimmer. Rocky nahm die Karaffe.

„Sag wann, Bertie."

„Halt!", bellte die Tante, und er ließ es fallen.

Ich fing Rockys Blick auf, als er sich bückte, um die Trümmer aufzuheben. Es war der Blick eines Menschen, der es kommen sieht.

„Lass es dort, Rockmetteller !", sagte Tante Isabel; und Rocky ließ es dort.

„Es ist an der Zeit zu sprechen", sagte sie. „Ich kann nicht tatenlos zusehen, wie ein junger Mann ins Verderben geht!"

Der arme alte Rocky gab eine Art Gurgeln von sich, ein Geräusch, das sich ungefähr so anhörte, als wäre der Whisky aus der Karaffe auf meinen Teppich gelaufen.

„Eh?", sagte er blinzelnd.

Die Tante fuhr fort.

„Der Fehler", sagte sie, „lag bei mir. Damals hatte ich noch kein Licht gesehen. Aber jetzt sind meine Augen offen. Ich sehe den schrecklichen Fehler, den ich gemacht habe. Ich schaudere bei dem Gedanken an das Unrecht, das ich dir angetan habe, Rockmetteller , indem ich dich dazu gedrängt habe, mit dieser bösen Stadt in Kontakt zu treten."

Ich sah, wie Rocky schwach nach dem Tisch tastete. Seine Finger berührten ihn, und ein Ausdruck der Erleichterung erschien auf dem Gesicht des armen Kerls . Ich verstand seine Gefühle.

„Aber als ich Ihnen diesen Brief schrieb, Rockmetteller , in dem ich Sie anwies, in die Stadt zu gehen und ihr Leben zu leben, hatte ich noch nicht das Privileg, Mr. Mundy zum Thema New York sprechen zu hören."

„Jimmy Mundy!", rief ich.

Sie wissen, wie das manchmal ist, wenn alles durcheinander zu sein scheint und man plötzlich eine Ahnung hat. Als sie Jimmy Mundy erwähnte, begann ich mehr oder weniger zu verstehen, was passiert war. Ich hatte das schon einmal erlebt. Ich erinnere mich, wie sich der Mann, den ich vor Jeeves kannte, in England an seinem Abendausflug zu einem Meeting davonschlich und mich, als er zurückkam, vor einer Menge Kerle, denen ich ein bisschen Abendessen gab, als moralischen Aussätzigen denunzierte.

Die Tante musterte mich von oben bis unten.

„Ja, Jimmy Mundy!", sagte sie. „Ich bin überrascht, dass ein Mann Ihres Schlages von ihm gehört hat. Bei seinen Treffen gibt es keine Musik, keine betrunkenen, tanzenden Männer, keine schamlosen, protzenden Frauen; für Sie wären sie also nicht attraktiv. Aber für andere, die weniger in Sünden gestorben sind, hat er seine Botschaft. Er ist gekommen, um New York vor sich selbst zu retten; um es – in seiner bildhaften Formulierung – zu zwingen, sich auf den Weg zu machen. Vor drei Tagen, Rockmetteller , habe ich ihn zum ersten Mal gehört. Es war ein Zufall, der mich zu seinem Treffen führte. Wie oft in diesem Leben kann ein bloßer Zufall unsere ganze Zukunft bestimmen!

„Sie waren durch diese telefonische Nachricht von Mr. Belasco abberufen worden; Sie konnten mich also nicht wie vereinbart zum Hippodrom bringen. Ich bat Ihren Diener Jeeves, mich dorthin zu bringen. Der Mann ist sehr wenig intelligent. Er scheint mich missverstanden zu haben. Ich bin dankbar dafür. Er brachte mich zu dem, was ich später erfuhr, dem Madison Square Garden, wo Mr. Mundy seine Versammlungen abhält. Er begleitete mich zu einem Sitzplatz und ließ mich dann allein. Und erst als die Versammlung begonnen hatte, bemerkte ich den Fehler, der gemacht worden war. Mein Sitzplatz war in der Mitte einer Reihe. Ich konnte nicht gehen, ohne vielen Leuten Unannehmlichkeiten zu bereiten, also blieb ich."

Sie schluckte.

„ Rockmetteller , ich war noch nie für etwas so dankbar. Mr. Mundy war wunderbar! Er war wie ein alter Prophet, der die Sünden der Menschen geißelte. Er sprang in einem Wahnsinn der Inspiration umher, bis ich befürchtete, er würde sich selbst Schaden zufügen. Manchmal drückte er sich etwas seltsam aus, aber jedes Wort war überzeugend. Er zeigte mir New York in seinem wahren Gesicht . Er zeigte mir die Eitelkeit und Schlechtigkeit, in vergoldeten Schlupfwinkeln des Lasters zu sitzen und Hummer zu essen, wenn anständige Menschen im Bett sein sollten.

„Er sagte, Tango und Foxtrott seien Mittel des Teufels, um die Menschen in den Abgrund zu ziehen. Er sagte, in zehn Minuten mit einem Neger- Banjo-Orchester gebe es mehr Sünden als bei all den alten Festen in Ninive und

Babylon. Und als er auf einem Bein stand und genau auf meinen Platz zeigte und rief: ‚Damit bist du gemeint!‘, hätte ich in den Boden sinken können. Ich kam als veränderte Frau zurück. Du musst doch die Veränderung in mir bemerkt haben, Rockmetteller? Du musst doch gesehen haben, dass ich nicht mehr die sorglose, gedankenlose Person war, die dich gedrängt hatte, an diesen Orten der Schlechtigkeit zu tanzen?“

Rocky hielt sich am Tisch fest, als wäre er sein einziger Freund.

„J-ja“, stammelte er. „Ich – ich dachte, etwas stimmt nicht.“

„Falsch? Etwas war richtig! Alles war richtig! Rockmetteller, es ist noch nicht zu spät für dich, gerettet zu werden. Du hast nur aus dem Kelch des Bösen genippt. Du hast ihn noch nicht geleert. Am Anfang wird es schwer sein, aber du wirst feststellen, dass du es schaffen kannst, wenn du mit tapferem Herzen gegen den Glanz und die Faszination dieser schrecklichen Stadt ankämpfst. Willst du es nicht um meinetwillen versuchen, Rockmetteller? Willst du nicht morgen aufs Land zurückkehren und den Kampf beginnen? Nach und nach, wenn du deinen Willen einsetzt –“

Ich kann mir nicht helfen, zu glauben, dass es das Wort „wird“ gewesen sein muss, das den guten alten Rocky wie ein Trompetensignal aufweckte. Es muss ihm bewusst gemacht haben, dass ein Wunder geschehen war und ihn davor bewahrt hatte, aus Tante Isabels Familie ausgeschlossen zu werden. Jedenfalls wurde er, als sie es sagte, munter, ließ den Tisch los und sah sie mit glänzenden Augen an.

„Möchtest du, dass ich aufs Land zurückgehe, Tante Isabel?“

"Ja."

„Nicht auf dem Land leben?“

„Ja, Rockmetteller.“

„Meinen Sie, ich soll die ganze Zeit im Land bleiben? Nie nach New York kommen?“

„Ja, Rockmetteller, genau das meine ich. Es ist der einzige Weg. Nur dort bist du vor Versuchungen sicher. Wirst du es tun, Rockmetteller? Wirst du es tun – um meinetwillen?“

Rocky griff erneut nach dem Tisch. Er schien von diesem Tisch viel Ermutigung zu bekommen.

„Das werde ich!“, sagte er.

„Jeeves“, sagte ich. Es war der nächste Tag, und ich war wieder in der alten Wohnung, lag im alten Sessel, die Füße auf dem guten alten Tisch. Ich war gerade zurückgekommen, um den lieben alten Rocky zu seinem Landhaus zu bringen, und eine Stunde zuvor hatte er seine Tante zu dem Dörfchen gebracht, in dem sie verflucht war; also waren wir endlich allein. „Jeeves, es gibt keinen Ort wie zu Hause – was?"

„Das stimmt, Sir."

„Der nette alte Dachbalken und all das Zeug – was?"

„Genau, Sir."

Ich zündete mir noch eine Zigarette an.

„Jeeves."

"Herr?"

„Wissen Sie, an einem Punkt in diesem Geschäft dachte ich wirklich, Sie wären verblüfft."

„Wirklich, Sir?"

„Wann kamen Sie auf die Idee, Miss Rockmetteller zu dem Treffen mitzunehmen? Das war einfach genial!"

„Danke, Sir. Es kam mir ganz plötzlich, eines Morgens, als ich an meine Tante dachte, Sir."

„Deine Tante? Die mit der Pferdekutsche?"

„Ja, Sir. Ich erinnere mich, dass wir, wann immer wir einen ihrer Anfälle kommen sahen, den Pfarrer der Gemeinde rufen ließen. Wir stellten immer fest, dass es ihre Gedanken von den Droschken ablenkte, wenn er eine Weile mit ihr über wichtigere Dinge sprach. Mir kam der Gedanke, dass sich die gleiche Behandlung im Fall von Miss Rockmetteller als wirksam erweisen könnte ."

Ich war verblüfft über die Einfallsreichtum dieses Mannes.

„Das ist Hirn", sagte ich, „reines Hirn! Was machst du, um so zu werden, Jeeves? Ich glaube, du musst viel Fisch essen oder so was. Isst du viel Fisch, Jeeves?"

"Nein Sir."

„Na gut, dann ist es eben eine Gabe, nehme ich an; und wenn man nicht so geboren ist, hat es keinen Sinn, sich Sorgen zu machen."

„Genau, Sir", sagte Jeeves. „Wenn ich vorschlagen darf, Sir, ich sollte Ihre derzeitige Krawatte nicht mehr tragen. Der grüne Farbton verleiht Ihnen ein leicht galliges Aussehen. Ich würde Ihnen stattdessen dringend die blaue mit dem roten Dominomuster empfehlen, Sir."

„Na gut, Jeeves“, sagte ich demütig. „Du weißt schon!“

DAS ENDE